外国人住民が団地に住み続ける意味

神奈川県X団地のビフォア／アフターコロナ

坪谷美欧子

春風社

横浜市立大学新叢書 15

外国人住民が団地に住み続ける意味
——神奈川県 X 団地のビフォア／アフターコロナ——

目　次

【本書で用いるデータについて】

個人情報保護の観点から、本書で用いる地名や団体名などの固有名詞は、望ましくないと筆者が判断した場合、匿名化している。

インタビューデータの文字化にあたっては、信頼性を担保するためできるだけ発話されたとおりに記述している。一部明らかな日本語の間違いは読みやすさを考慮し、内容を保持したまま多少編集している。

引用・注記文献は、巻末の引用文献リストにより、(著者編者名,刊行年：ページ数) で表記している。

【インタビューのトランスクリプトの凡例】

インタビューデータは、匿名化した「アルファベット：」、筆者 (引用の場合は著者) の語りは「＊：」、同席者がいる場合は、「＊1」が筆者、「＊2」が同席者の発話として表記し、発話に付した数字はスクリプト上の発話番号である。

「[ ]」は発話の割り込み、筆者による補足は「( )」、テキストの省略は「(中略)」とする。通訳を介したインタビューでは、外国語による発話は母語で発話された箇所の後ろに、カンボジア語なら「《C》」などと「《アルファベット》」を記載する。

はしがき

近年、郊外団地における外国人の集住化について注目が集まっている。具体的には、外国人住民[*1]の集住化、セグリゲーション、日本人住民の高齢化による自治会活動の困難と多文化共生などが課題とされている（大島 2019; 安田 2019; 岡﨑 2022など）。筆者は、約20年間にわたって調査研究やボランティアとして、神奈川県のX団地に関わっており、本書は2018年に実施した外国人住民へのアンケート調査のほか、2018〜2022年に行った外国人住民、自治会、支援団体へのインタビューにもとづき執筆するものである。

本書は、まず社会学や国際移民研究の観点から、国内外の研究や知見のレビューを行いながら、日本における国家や自治体の外国人政策や多文化共生政策についての批判的検討を行う。それを踏まえ、X団地における外国人住民の帰属意識や定住意識を中心に、外国人住民が団地に住み続けることの意味を問うものである。本地域では、多文化共生に向けて日本社会側、外国人住民側から長年さまざま取り組みが行われている。しかし、外国人住民がなぜX団地を選ぶのか、住み続けることを選ぶのかなどについての詳細はまだ明らかにされているとはいい難い。そこで、本書は、アンケート調査およびインタビュー調査にもとづき、来日の経緯、日本での生活実態、地域社会への参画生活、母国とのつながり、子どもの教育、コロナ禍での生活などの項目に分け、分析を行う。

本書で取り上げるX団地では、仮に良い仕事が見つかったとしても引っ越さないと考える人や、収入が増え団地から引っ越しても団地の近くに住み続ける人が少なくない。公営住宅が外国人住民に

*1　本書の「外国人住民」は「外国人」「外国籍者」「移民」と同義にとらえているが、先行研究では「移民」と表記されていることも多いためそのまま用い、本研究の分析対象者を指す場合には「外国人住民」と表記する。

とってのセーフティネットであるだけでなく、この団地が社会関係資本を提供する場となっているとも考えられる。さらに、コロナ禍においては外国人住民と日本人の共助の深化がみられており、地域社会における外国人住民の生活実態および日本人住民との交流について考察し、それを可能にする諸条件を導き出せるだろう。さらには、日本の「多文化共生」への示唆も得られると考える。

本書では、日本の郊外団地における、1) 外国人住民およびその家族の地域社会における社会統合としての「編入(incorporation)」、2) 送り出し国・社会との「拡大コミュニティ」の形成、3) 外国人住民のトランスナショナルな生活世界、に焦点を絞り考察する。

本書の意義については以下の2点が挙げられるだろう。

第1に、本研究の対象地域であるX団地は「多文化共生」への取り組みが「先進的」ととらえられる地域として注目されることが多い。そこでは、①国家(移民・外国人政策、社会的弱者のため福祉政策)、②地方自治体(神奈川県および2つの市)、③団地自治会(2つの市それぞれの連合自治会と単位自治会)、④学校(「多文化共生の拠点」として)など、複数のエージェントが存在する。しかし一口で「多文化共生」といっても、その場面や機能によってさまざまであり、ホスト社会側の受け入れの文脈を分節化する必要性があるため、本研究により、日本における「多文化共生」の文脈についてより詳細に分析することができる。

第2に、外国人住民たちは客観的には日本への定住化の様相を呈しており、社会・経済・政治的側面を含めた「編入様式」の分析から日本社会の「多文化」化の実態を明らかにできる。とくに、「編入様式」という概念を批判的に再検討しながら用いることで、海外移住者たちの就労の側面のみならず、定住と統合の多様性をよりよく把握できる。本研究により、日本社会における「多文化」化の現状およびニューカマー外国人の日本社会への統合を明らかにすることが可能になるだろう。とりわけ、ニューカマー外国人の定住化と日本人住民の高齢化の進行の一方で、新規の外国人住民の流入といった対応に迫られている自治体や地域社会ではかれらを包摂する政策を打ち出さねばならない。本研究により、外国人多住都市や自治体などの施策立案に対してインプリケーションも与えられるだろう。

本書の構成は、以下のとおりである。第1章で郊外団地と外国人住民について、本研究の目的を明確にしたうえで、国際移民研究などの先行研究からのインプリケーションを整理し、本研究の仮説を提示する。第2章では、団地における外国人住民の生活実態と編入について、外国人住民に対して行ったアンケート調査から、かれらの基本的属性、就労、地域生活を明らかにしたうえで、団地への定住意識の規定要因を分析する。第3章では、地域社会と外国人コミュニティのつながりについて、自治会長、外国人住民、支援団体、教員へのインタビュー調査にもとづき、団地内の自治会の取り組みおよび外国につながる子どもたちへの教育ネットワークの役割から考察する。第4章は、外国人住民が団地に住み続ける意味を、外国人住民へのインタビューにもとづくライフストーリー分析から読み解く。第5章では、アフターコロナの団地における状況について、とくに中高年の外国人住民の事例から「移動できないこと」の意味を明らかにする。つづいて、コロナ禍における支援団体の取り組みから団地における共助の変容について、自治会、支援団体、外国人住民へのインタビューデータにもとづき考察する。第6章は、本書の議論全体を振り返り、日本における郊外団地と移民の関係性について今後の展望を見据えて、総括の議論を行う。そこから、国際移住者の就労以外の「編入」の規定要因およびその様式はなにか、定住とトランスナショナル・ネットワークとが共存する生き方を明らかにし、ポストコロナにおける移民の社会統合の諸条件を提示する。

2024年2月

坪谷 美欧子

第１章
団地と外国人住民

本研究の目的は、外国人住民およびその家族の日本の郊外団地における社会統合を明らかにすることである。

2023年6月現在、日本には約322万人の外国籍住民が暮らしている（出入国在留管理庁 2023）。日本の植民地支配と第二次世界大戦を契機として、自発的・強制的に連行され来日した在日韓国・朝鮮人や在日中国人とその子孫である「オールドカマー（old comer）」は28万人程度と年々減少し、「ニューカマー（new comer）」と呼ばれる1980年代以降に来日したアジア出身や南米日系人を中心とした外国人が294万人近くを占めている。このほかに、日本国籍取得者（毎年1万人ほどが日本への帰化許可されている）や、非正規滞在者等も含めれば外国にルーツを持つ者は、日本に約330万人以上いることになる。さらに、「ニューカマー」外国人といえども、すでに1980年代から40年以上過ぎており、一集団として論じるには難しくなっていることも事実である。

ニューカマー外国人の集住地も国内に複数存在し、それぞれ異なる特色を持っている。愛知県保見団地や群馬県の大泉町などは、1990年代から日系の南米出身者が中心的になっている集住地域である。埼玉県の川口市周辺の公営住宅では、2010年以降、中国人の集住が顕著である（大島 2019; 岡崎 2022など）。本書で取り扱う神奈川県X団地は1990年代から集住が始まった点では日本におけるニューカマーの集住地として「歴史」が「長い」部類に入る。また、インドシナ難民、中国帰国者、日系南米人など、多国籍からなる住民が暮らす地域としても着目することができる。団地を中心としたとりわけ多国籍からなる外国人の集住空間について、総合的かつ縦断的に論じた研究は管見の限りそれほど多くはなく（新原 2016; 松宮 2018）、本研究ではこうした視座を持って本地域を立体的に描いていきたい。

2022年4月1日現在、神奈川県における県営住宅の外国籍住民の入居状況[*1]については、全体206か所の団地のうち158か所に外国籍住民が入居しており、その比率は76.7%である。全体戸数45,256のうち37,994戸に入居しており、そのなかの2,552戸に外国

*1　2022年11月2日、神奈川県県土整備局建築住宅部公共住宅課への問い合わせ。

籍の人が入居しているため、その割合は6.7%となる。図1-1は団地別外国人世帯の入居状況を示したものである。平均で5〜10%程度の割合で外国籍の人が入居しており、入居率が高い団地では20%を超える人が住んでいることがわかる。図1-2は国籍・地域別の入居世帯数であり、ベトナムと中国で半数を占め、次いで中南米、東南アジア、南アジアの順となっている。

〔図1-1〕団地別外国人世帯の入居状況

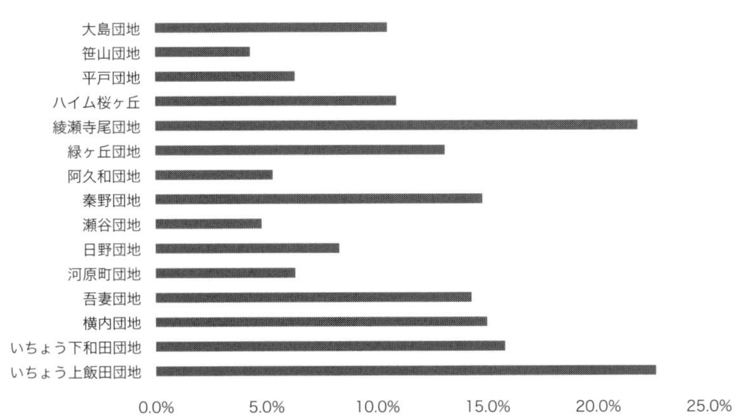

（出所）神奈川県県土整備局建築住宅部公共住宅課2022

〔図1-2〕国籍・地域別の入居世帯数

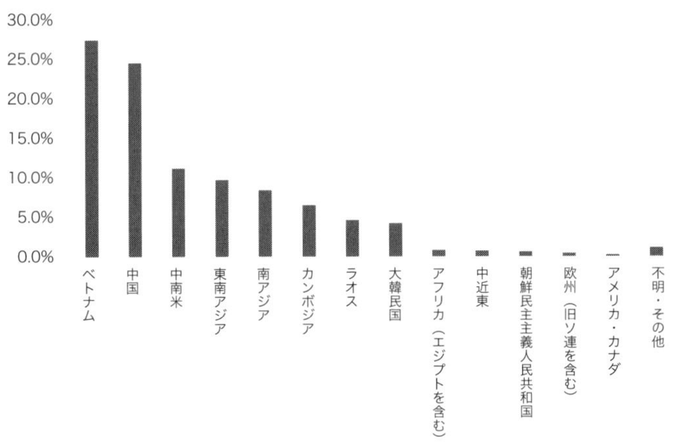

（出所）神奈川県県土整備局建築住宅部公共住宅課2022

第1節　先行研究からのインプリケーション

(1) 郊外団地における外国人住民

日本において郊外住宅は、階級・エスニシティの両面で「均質」な空間として表象されてきた。それは中産階級の居住地として発達してきたアメリカやイギリスの郊外モデルの影響を受けたものだった（森 2016: 281）。しかし1996年の公営住宅法の改正により、日本の郊外の公営団地は社会福祉やセーフティネットとしての機能が強化され、住民による「自治」、異なる文化的背景を持つ外国人住民を含めた「多文化共生」といった論理が交錯する場となった。とくに、外国人住民にとっては、公営住宅に入居することで他地域から分断され「ハウジングトラップ」に陥る可能性が指摘されている（松宮 2018: 26）。また、高齢者の集中と地域の衰退、外国人と福祉対象者の集中といった団地に対する福祉「施設化」「スティグマ化」の問題が指摘されている（森 2006: 106）。さらに、近年公営住宅では外国人住民以外にも一人親世帯、高齢者、障がい者、刑務所出所者などの入居を積極的に受け入れており、社会的弱者のセーフティネットとしての役割が増している。この文脈では多文化共生という側面よりも、ダイバーシティや共生などのロジックが働き、外国人住民はその1グループとしての位置づけになろう。

外国人住民が公営住宅に入居するうえで住宅管理上の「トラブル」のベスト4として挙げられるのは、「ゴミの出し方・不法投棄」「室内での生活騒音」「屋外での生活騒音」「無断同居・転貸など」（稲葉ほか 2008: 276）などが普遍的にみられる。団地内でトラブルが起こると日本人は概して、「外国人による問題」としてとらえる傾向が強く、それに対して、外国人は「問題」として認識する度合い自体が相対的に低いという（池上・福岡 2004: 8）。共同生活である限り、「生活ルールの遵守」が優先されるものの、日本人が暗黙に共有している生活ルールは外国人住民にとっては不明確で、その背景や理由はあまり伝えられないという（池上・福岡 2004: 10）。

団地自治会の2つの機能とは、「団地の維持管理」と「住民自治」（稲葉ほか 2008: 286）とされ、通常の民間住宅に比べ住民たちの交流やコミュニケーションがより多く求められる場であることがわかる。公営住宅は、日本人と外国人が関係を持たざるを得ない必然性があり、それが「多文化共生」への取り組みに結びついているように見えることにも注意が必要である（稲葉ほか 2008: 286）。一方で、団地住民による自治やコミュニティ形成が外国人住民との関係を形成する上で強みになるという指摘もある（松宮 2018: 26）。

(2) 外国人住民の「編入」

国際移住者によるホスト社会への「編入」（incorporation）とは、定住と統合の多様性をよりよく把握するための概念として、また直線的な「同化」モデルを排し多様な参画様式を分析するための概念としても有用である（Portes and Böröcz 1989）。具体的には、①出国の状態、②出身階層・人的資本、③ホスト社会（国家・労働市場）の受け入れの文脈などが挙げられるが、主に労働市場分野への「編入」を重視していることが特徴的である。ただし近年の研究では、この「編入」の中立的含意に注目が集まっている。従来の「編入」概念は、受け入れ国家や社会側の政策的な意図が強く働きすぎるといった批判から、「文化的な編入」（cultural incorporation）（O'Neill et al. 2019: 82）や移住者の受け入れ社会への帰属意識といった個人の体験などまで含めるべき（Riemsdijk et al. 2016: 22）との指摘もある。他方、移住者たちの「トランスナショナル・ネットワーク／コミュニティ」の形成（Faist 1998）という観点からは、出身国の文化や言語を保持したままホスト社会に参入することを可能にする新たな方法（Portes 2003）などがある。

母国との紐帯の維持は受け入れ国での統合を阻害するという既存の研究に対して、経済的な資源や情報、心理的なサポートを提供することにより、むしろ受け入れ社会での統合が促進されることから、トランスナショナリズムと統合とは両立するという主張もなされるようになっている（Erdal and Peppen 2013）。以上、移民の統合を考えるうえでは、就労以外にも、定住意識、自治会などの地域社会への参画、文化的編入、学校経験、母国とのつながりなども考慮すべきであり、「編入」概念の再検討が迫られているといえる。

そのなかには、外国人住民が移住先で得た収入を母国へ送金する行為も含まれる。海外移民による低・中所得国への送金額は、2022年で6,260億ドルにのぼっている。移民による母国への送金は、過去の金融危機やコロナ禍などの影響を受け減速するとの予想に反し、堅調な資金であることが明らかになり、今後も政府開発援助（ODA）の額を凌駕し続けると予測されている。また、多くの移民を送り出す発展途上国の経済にとっても、非常に大きなインパクトをもっている（World Bank 2022）。一方で、この巨額な送金の実行については金融機関以外の多様なルートが存在することも事実で、それらは一定の役割を果たしてはいるが、なかにはマネー・ロンダリングやテロ活動につながるものも少なくない。先進国の公的機関による監視と規制の強化も進んでいる。労働者個人と母国の家族の所得という視点からは、送金にかかるスピードや安全性、安い手数料などが求められる。また、現代のグローバル社会全体からみれば、外国人労働者による海外送金は、まさに新たな国際的な規範を形成する問題の一つといえよう（増田 2012）。

（3）外国籍住民の公営住宅入居

1951年の公営住宅法施行の際には、公営住宅での外国人居住は認められていなかった。「公営住宅の利用について外国人はこれを権利として要求することはできない」というのが、1970年代までの国の基本的立場だった。こうした国の方針に対して、民族差別撤廃運動を受け、1975年に大阪市と川崎市が市営住宅入居資格の国籍要件を撤廃するなど、地方自治体が国に先行して取り組みを進めてきたのである（田中 2013; 松宮 2018）。同1975年のベトナム戦争終結後、ベトナム、カンボジア、ラオスから大量の難民が生まれ、その年のG7サミットの場で西欧諸国からのいわば外圧を受けた形で、日本政府はインドシナ難民への「定住許可」の方針を打ち出した。1979年の国際人権規約の批准により、公営住宅の入居に関しては公営住宅関連の4つの法律「住宅金融公庫法」「公営住宅法」「日本住宅公団法」「地方住宅供給公社法」（当時の名称）を運用する上での「国籍要件」が撤廃され、外国籍でも入居が可能になった（田中 2013: 168-170）。

翌年の1980年に建設省（当時）は、「公営住宅の賃貸における外国人の取扱いについて」という通達を出し、原則として「永住許可を受けた者等」に入居条件が広げられ、外国人登録を受けた者について認めることも差し支えないとした。1992年には建設省より「公営住宅の賃貸における外国人の取扱いについて」が出され、「外国人登録を受けた者」が「可能な限り地域住民と同様の入居申込み資格を認める」こととなった。また、入居者募集において、外国語による広報を充実するよう努めることも明記された。

国際人権規約の批准に際して、公共住宅に関わる法律上での国籍要件が撤廃されたこと以外、国内法の改正は何一つ行われなかったが、1981年の難民条約の批准に際して、条約が定める難民の社会保障についての内国民待遇の矛盾をとくため、国民年金法、児童手当に関する法律の国籍条項が撤廃され、外国人住民にも適用されるようになった。これにより、日本における社会保障の適用は国籍から日本居住によると解釈されるようになった。これらの国籍要件や国籍条項の撤廃は、日本に定住する難民の生活を保障するためだったが、在日コリアンなどすべての在日外国人にも及ぶものであり、その意義は大きかったといえる（宮島 2022: 30）。なお、中国帰国者に対しては、1994年の「中国残留邦人等の円滑な帰国及び永住帰国後の自立の支援に関する法律」を受け、各都道府県知事あてに当時の厚生省社会・援護局長より「中国残留邦人等のための公営住宅の確保について」という通知が出され、中国帰国者の公営住宅入居の確保と円滑な入居が行われるよう努力が求められた。

(4) 多文化共生政策と外国人住民

こうした国の動きと前後して地方分権にともない、当時の日本の自治体では、1975年頃から中央政府や国家による外交ではなく、市民による草の根の交流を意味する「民際外交」という概念がみられるようになった（長洲・坂本 1983）。とくに、1980年頃からは「民際外交」「内なる国際化」など、自治体に住む外国人住民との交流や支援を目指した政策が打ち出され、自治体の国際交流政策のなかに外国人住民の支援の理念が盛り込まれるようになった（後藤 1997）。ただし、姉妹都市のような海外の都市間の連携や海外企業誘致が中心となる「国際化」の政策的枠組みと、外国人住民への支援が中心の「多文化共生」施策は相容れない場合もある。自治体による外国人市民住民の社会統合政策は、国に比べ長い実績をもつものの、本来の外国人住民への権利保障という施策の実効性に欠けているとの指摘もある（柏崎 2014）。

2000年代頃からは、自治体による多文化共生推進指針など施策指針を策定する動きが徐々に増えてきている。2006年には総務省による全国の都道府県・政令指定都市に対し「地域における多文化共生推進プラン」の通知や、外国人集住都市会議なども開催されるようになった。2006年には外国人労働者問題関係省庁連絡会議が発足し、「日本で働き、また、生活する外国人について、その処遇、生活環境等について一定の責任を負うべきものであり、社会の一員として日本人と同様の公共サービスを享受し生活できるような環境を整備しなければならない」という認識が示され、そこで「生活者としての外国人」という概念が生まれた。しかし、「多文化共生を支える基盤の強弱と変革志向か現状維持志向かで、決定づけられる」(樋口 2019: 133-144) との指摘にあるように、革新的志向を持った自治体と当事者である外国人住民が主体的に関わっているかについて、本質的に問われることは少ない。

地方行政における多文化共生政策・施策とは、地域内に暮らす外国人市民を扱う施策分野であり、人権保障と社会参加の促進を目指しているものが多い (柏崎 2014)。しかし、「地域の国際化」という既存の政策や組織に「押し込まれ」ていること、もう一つは、外国人労働者受け入れによる経済的な側面に焦点を当てた議論が先行しがちで、彼らを同じ社会や地域の「構成員」として受け入れる視点が少ないことが問題である。組織的には、外国人住民に関わる施策を専門に担当する部署を設けている自治体はあまり多くなく、庁内の「国際」担当や国際局の部署が、業務の一部として多文化共生も所管するという例が目立つ (柏崎 2014)。

さらに2010年以降、自治体の多文化共生施策や組織が、観光推進事業や組織と連携・合併したり、企業と共同で事業を行ったりする例もみられるようにもなっている (坪谷 2018)。かれらへの政策的言及においては、「生活者」がなりをひそめ、「外国人材」などともてはやされがちである。日本人に対して「日本人材」「国内人材」などと呼ぶことはないが、外国人に対してのみ「外国人材」という「奇妙な概念」が登場している (下地 2019: 185)。

このように、各自治体が「海外人材」の取り込みやインバウンドに対して力を入れる一方で、外国人住民への支援について議論が深まらない理由はなぜか。海外人材や観光客は一時的な滞在や交流の対象としてみられ、文化面への理解などはあまり考えなくてよく、そのゆえに経済的な側面が強調されがちである。一方、外国人住民は、福祉や教育など長期的な支援が必要であり、乗り越えるべき課題が少なくない。日本における多文化共生施策については自治体が主導もしくは国よりも先んじて取り組んできた歴史を持つものの、国家の政策が「多文化共生」という名の移民政策ではないという自己矛盾を孕んでいるため、自治体の施策もそれに従う形となってしまっており、結果としては、当事者たちに「日本社会に受け入れられている」という実感が少ないということが大きな課題として残されている。

第2節　調査対象地について

(1) 神奈川県営X団地の概要

高度経済成長期の神奈川県内の公営住宅に関する政策は、大都市圏に通勤する労働者のために「大団地・高層化・プレハブ化」による量的拡大が目指され、戦後最高の水準に達した（神奈川県都市部住宅建設課 1992: 7-8）。本書で扱う神奈川県営X団地もまさにこの時代に建設された。ここからは、神奈川県営X団地の概要に触れておく。

本団地は神奈川県の中央部のA市とB市にまたがり、1971年より入居が開始された。団地戸数は、A市側が2,238戸、B市側が1,394戸の、全3,632戸の県内最大の公営住宅である。このほか、近隣にはA市の市営住宅もある（1,404戸）。家賃は収入・間取りなどにより異なるが、月額20,200〜42,000円である。

本書で調査対象とした神奈川県内の地域は、1980年にインドシナ難民受け入れ機関である「B定住促進センター」が開所されたことにより、ベトナム・カンボジア・ラオスからの難民の住宅として、その後は、中国帰国者家族の入居が増加していった。外国籍世帯は1990年代より全世帯の約2割で推移している。図1-3は対象地域が位置するA市A区の外国籍人口の推移を示したものであるが、外国人人口の大多数を占めているのは中国人とベトナム人であることがわかる。2010年頃をピークに中国人は減少傾向にあり、ベトナムは微増が続いている。カンボジア、ラオス、ブラジル、ペルーは20年間ほぼ横ばいである。新型コロナウイルスによる移動制限の緩和を受けてか2022年末には、中国、韓国・朝鮮、カンボジア、ブラジル、ペルー出身者の人数がごくわずかに増加している。

〔図1-3〕A市A区外国籍住民の推移（人）

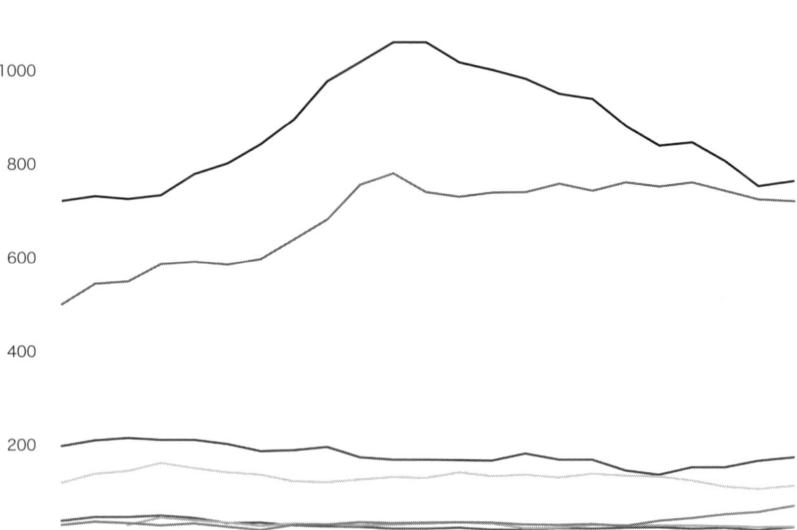

（出所）A市政策局統計情報課2023「過去の外国人人口データ」A市統計ポータルサイト、各年12月31日現在
（註）X団地地区のみの国籍別住民のデータが入手不能なため、団地のあるA市A区全体のデータを転用した。

A市側外国籍世帯数（2019年5月、連合自治会調べ）は、2,238世帯のうち517世帯、中国174、ベトナム189、カンボジア42、ラオス11、ブラジル5、ペルー3、タイ4、韓国4、バングラデシュ2、パキスタン1、イラン1、不明81という内訳になっている（図1-4）。B市側外国籍世帯数（2018年8月連合自治会調べ）は、全1,394戸のうち162世帯となっており、中国12、ベトナム44、カンボジア27、ラオス15、ペルー17、ブラジル2、ボリビア2、スリランカ1、インドネシア1、その他・不明41、である[*2]。空家率は、A市側が200〜300戸、B市側が

*2 2020年のコロナ禍以降、全員参加の防災訓練ができていないため、これらの連合自治会による外国籍世帯数は、調査することができていないという。

〔図1-4〕A市側団地　国籍別世帯数および空き家の推移（世帯数・戸）

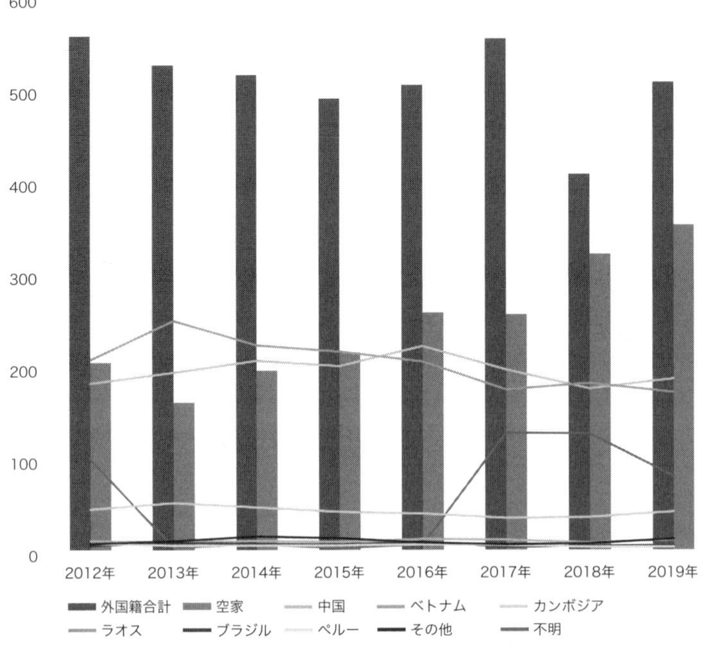

（出所）A市側連合自治会調べ（各年5〜6月現在）

約100戸となっている。さらに本団地全体の特徴として、住民の高齢化が深刻であるという点である。住民基本台帳の町丁別統計によると、A市A区の65歳以上の割合29.0%に対し、本団地の所在地域の割合は35.1%である（2023年9月30日現在、A市政策局総務部統計情報課2023）。B全市全体の65歳以上の割合は23.87%であるが、B市側団地の所在地域の65歳以上の割合は37.14%となっている（2023年8月31日現在、B市総務部総務課政策調整・統計係2023）。近年では日本人住民の高齢化や独居化が年々深刻な課題となっており、自治会活動の担い手も不足している。

一方で、ニューカマー外国人住民のなかでも、いわば来日時期や入国経路の違いによる「オールドカマー」と「ニューカマー」の新旧の住民が存在し、それぞれの経験や態度の違いにより両者の間に心理的距離が存在することも報告されている（坪谷 2020a; 伊吹

2020b）。また、中国帰国者のほかインドシナ難民や南米出身者のなかでは高齢化が進んでおり、かれらの子どもが独立した後も夫婦であるいは一人で団地にとどまる外国人世帯も徐々に増えている。同地域で外国人支援を行う団体への聞き取りによると、中国帰国者の家族のつながりは強いが、ベトナムの家族では子どもが頻繁に親の家に来ることはなく、通院の付き添いや通訳の依頼も寄せられるようになっており、外国人高齢者たちの孤立の問題が指摘されている。

なお本地域では、リーマンショックや東日本大震災のときも外国人住民が大量に帰国したり、エスニック・コミュニティが弱体化したりしたという事実は、域内で活動する支援団体からの聞き取りでは聞かれなかった。むしろこの地域は、コロナ前から自治会、NPO、エスニック・コミュニティによる共助が働く空間だったといえる。たとえば東日本大震災では、多言語での安否確認や避難誘導、避難場所での対応のほか、高層階に住む日本人住民の車椅子の運搬など、とくに若い外国人住民が地域の担い手として活動することができたという（早川 2011: 38）。

（2）X団地における「多文化共生」の文脈

X団地は全国でも「多文化共生」への取り組みが「先進的」ととらえられる地域といえるが、その歴史的経緯について振り返ってみたい。

1971年に県営X団地への入居が開始されると、1979年にはA市側の小学校が開校する。前述のとおり、1980年にインドシナ難民受け入れ機関である「B定住促進センター」が開所したことにより、センターでの適応研修を終えたインドシナ難民家族の団地への入居が開始された。中国帰国者については、1994年に厚生省通知「中国残留邦人等のための公営住宅の確保について」により、中国帰国者の公営住宅入居が開始されたが、X団地では1980年代後半より入居が始まっている。1986年にはA市の他区から分離して、A区が成立した。

外国人の子どもへの教育も初期から取り組んでいる地域といえる。X団地のA市側の学区内の児童数は多い時で3,000人を超えていたこともあったが、2018年の段階ではその10分の1程度に減少している（宮澤 2019: 68）。しかし、外国につながる児童数はAE1小学校では最も多いときには全校児童の約76%を占めていた（菊池 2018: 5）。1990年の入管法改正と前後するように、国際教室への教員の「加配」制度（当時の文部省）が開始された1992年には、域内のAE1小学校にも国際教室が開設された。1998年には、A市域内の4校連絡会が発足し、文部科学省研究指定人権教育総合推進地域事業にも指定されたことにより、学校が「多文化共生」の拠点化し、AE1小学校を中心に「多文化共生教育」が注目を浴びるようになった。担当者の連絡会を立ち上げ、協働して外国人児童生徒の受け入れ体制を整えるとともに、日本人児童生徒と外国につながる児童生徒が、互いの国籍や民族の違いを認め合いながら、共に学ぶ多文化共生の学校づくりをめざしてきた。

一方、B市では1994年にはB市国際化協会が設立されており、市内の情報センター化やサポートネットワークづくりの役割を担ってきた。

1990年代後半になるとややフェイズが変わってくる。1996年に公営住宅法が改正されると、公営住宅はより福祉目的住宅へと変化する。高齢者、障がい者、母子家庭の入居が優先され、収入基準で標準世帯が入居しづらくなり、高額所得者が転居を求められ、働き盛りの人たちが団地から減少してしまう。1998年の「B定住促進センター」の閉所にともない、インドシナ難民の親族呼び寄せが進んだほか、中国残留帰国者の日系南米人など他のニューカマー外国人、日本生まれの子どもが増加するようになるなど、定住・集住型の地域へと変化した。

2000年代以降の自治体による「多文化共生」政策としては、2007年A市「A国際まちづくり指針」が策定されたが、A市A区では「多文化共生推進事業」としてA市側の連合自治会に補助金事業が開始された。2006年にはB市側で多文化共生会議が発足し、2011年にはB市の国際交流指針が施行されたりするなど、自治体として準拠すべき基本的な方向性が示されるようになっていく。

以上をまとめると、公営住宅への移民の入居に関しては、第1に国家による移民・外国人政策や公営団地のための福祉政策が大きく影響する。とくにこの地域ではインドシナ難民や中国帰国者の受け入れという国家による国際人権や援護政策にもとづき、国内でもかなり早期から公営住宅への入居が進められた。第2に、X団地がある神奈川県およびA市といった地方自治体にもそれぞれ1990年代より、地域の国際化や多文化共生に関する施策や指針が存在しており、これも他地域に先駆けた取り組みである。第3に、団地に住む子どもたちが通う学区の小中学校も、90年代の初頭から「多文化共生教育」もしくは「日本語教育の拠点」として大きな役割を果たしていたことがわかる（山脇・A市立AE1小学校 2005; 菊池 2018）。第4に、団地の自治会としては、A市・B市それぞれに連合自治会があり、下部組織に各自治会が存在し、それぞれが外国人住民との交流や受け入れ対策を講じている。第5に、団地への難民受け入れを契機に、難民など外国人住民向けの日本語教室などのボランティア団体やNPOが、この団地を活動拠点として設立されたが、こうしたエージェントの果たす役割も重要である。

本地域は公営住宅において外国人が居住することに関して、国家、複数の自治体、学校、自治会、NPOやボランティア団体など、「多文化共生」にかかわる多くのエージェントが関与する地域である。国家であれば、移民・外国人政策として、一方で公営団地のため福祉政策やセーフティネットとして、地方自治体は神奈川県の2市にまたがっているため、それぞれの多文化共生施策や福祉政策との関連、自治会の論理としては高齢化が進む日本人住民による自治会活動運営の難しさを抱えている。さらに域内の学校においては、外国人の子どもが増えることで、公教育のなかに多文化共生の視点を持った教育を行わなければならない。このように、X地域ではそれぞれの受け入れの論理が存在し、それぞれに齟齬や矛盾もみられる。国家、自治体、学校、自治会そしてNPOなどの支援団体も含めて、ホスト社会側の複数の受け入れの文脈を分節化する必要性も明らかになった。

A市・B市の連合自治会の自治会長ともに、外国人住民に関しては、自治会費の支払い、掃除や輪番制の代議員の役割分担に「大きな問題はない」とされ、どちらかというと自治会活動への参加や関心が低いことが大きな課題となっている。(1) で述べたとおり、X団地の住民の高齢者の割合は非常に高く、自治会のイベントや運営などに支障をきたしている。そこで、各自治会ともに高齢化を食い止める「若い力」としての外国人住民への期待が寄せられている。ただし、この自治会の運営のなかには、団地設備の修理、イベントでの「力仕事」や「人手」としてのまなざしがあることも否めない。

また長年外国人住民を受け入れている当団地においても、やはり外国人住民の「生活ルールの遵守」をめぐって、日本人側からの不満が寄せられており、県営団地を管理する立場の神奈川県への働きかけや期待は強い。しかしこうした住民同士の生活マナーの問題は、神奈川県以外にも、県の住宅管理協会や管理会社である民間企業も関わる部分であり、複雑に管轄が入り組むため連携は困難である。団地が抱える問題に対しては、結果的には、あくまでも住民の「自治」とされ、日本人・外国人住民個人の「努力」や「倫理観」に委ねられているのが現状である。それゆえに、つねに外国人住民側が「(日本の) ルールに従う」という点が強調されがちで、日本社会への同化の論理が働きかねない。

この地域にはインドシナ難民や中国帰国者などの外国人を支援するNPOやボランティア団体、日本語教室、学習支援教室などが数多く存在しているが、団地内の外国人住民への支援のほか、近隣に住む外国人住民が日本語学習のために通ったり、相談に訪れるなど、外国人集住地区であるゆえに社会関係資本を高めている。ほかにも、X団地周辺の公営住宅や一軒家にX団地が手狭となったため引っ越しした外国人にとっても、X団地に住む親族・知人や支援の拠点、食材店やレストランなどのエスニック・ショップも含めて機会の多さはあり、定期的にX団地に通うなどの行動は共通してみられている。

以上、「多文化共生」の「先進地域」としてよく知られている本地域ではあるが、ホスト社会側の外国人住民受け入れの文脈はさまざまであり、分節化して理解する必要があろう。共同生活のルールの遵守という名のもとにともすれば日本人住民からの同化圧力をともなった形で、団地は日本社会への同化を助長する「社会装置」となりうるのかもしれない。多国籍な住民が居住しているという事実のみ、あるいは、自治会や学校、NPOやボランティア団体の支援活動といった事実のみにより、行政やメディアによる見かけ上の「多文化共生の成功事例」「国際団地」という言説が生み出されているのかもしれないという疑問も生じる。

第3節　本書の分析枠組みとデータ

以上を踏まえ、本研究の仮説を以下のとおり設定する。

（1）「多文化共生」政策の効果か「住みやすさ」か

周辺の工場地帯における製造業への就労を中心として雇用が比較的安定していることに加え、「多文化教育」を掲げる学校教育への評価も高く、外国人住民にとって「住みやすい」地域であることは確かである。

近年では、周辺の住宅を購入し団地を出ていく外国人世帯の一方で、30年以上居住する者、二世代にわたって住み続ける者もおり、ニューカマー外国人住民のなかでも社会参加への態度の違いもみられるようになっている。長年住み続ける者は必ずしも経済的な理由だけで「団地を出られない」集団でもなく、「団地に住み続ける」選択をした「生活者」の存在についての再検討が求められる。

（2）「多文化共生教育」が「住みやすさ」の決定要因となりうるのか

とくにこの地域においては、子ども、保護者、地域社会を巻き込んで学校が多文化共生の拠点になってきた。こうした学校や教育という要因が、従来の移民研究で説明されてきた定住要因である就労よりも強く定住を決定する要因となるのか。富裕層の住民にとっては、子どもの教育のために、進学校のある学区を選択する傾向は普遍的にみられるが、「X地区で通学させたいから団地に住み続ける」という外国人の親の希望は、日本人的な行為への適応なのか、それとも移民の「教育戦略」といえるのだろうか。学区としては「進学校」ではなく、学校における外国人児童・生徒の多さ、日本語教育など手厚い教育支援、多文化や多言語への理解、外国出身を理由にしたいじめのない居心地のよさが、何らかの形で定住に影響を及ぼすのだろうか。

（3）国際移住者たちの定住化と「トランスナショナル・ネットワーク／コミュニティ」とをつなぐ生き方とは

グローバル化が進む現代においては、移動・通信手段の飛躍的な発展により、移住者たちの「トランスナショナル・ネットワーク／

コミュニティ」（Faist 1998）が形成され、出身国の文化や言語を保持したままホスト社会に参入することを可能にする新たな方法であるともいわれている（Portes 2003）。移民研究では、送金以外にも、母国での不動産所有、起業・投資、政治的な関与などの母社会とのネットワークについて注目されているが、本研究でもこうした要因が日本社会への統合をどう規定するか解明する。

移民の社会統合の諸条件の解明のための具体的な項目としては、以下の観点を提示することができる。

a.地理的位置づけ（歴史的な背景を含む）、b.周辺地域の産業構造、c.日本人住民の特質（年齢、階層、コミュニティ）、d.「国際化」「多文化共生」の論理（国家・自治体の移民受け入れ政策）、e.外国人住民の受け入れられ方（エスニック・グループごとの違いの有無）、f.第二世代以降の教育達成、就業状況、婚姻、g.高齢化とケアの問題、h.エスニック・コミュニティ、i.エスニックリーダーの影響力、j.「グローカル人材」の存在、k.母社会とのネットワーク（送金、起業・投資）

以上の前提にもとづき、就労以外の移住者の「編入」の規定要因およびその様式はなにか、定住とトランスナショナルなつながりとが共存する生き方について、本書で明らかにしていく。この作業を通して、多様性を受け入れる団地の自治や共助のあり方を考える一助としたい。

調査の手続きは各章で詳しく述べるが、本書で用いるアンケートおよびインタビューデータは以下にもとづいている。まず、筆者が代表をつとめた研究チームがX団地居住の外国人住民に対し2018年に行った有効回収票139票のアンケート調査結果である。インタビューデータとしては、X団地内の外国人住民13名（2018～2021年実施、対象者：AE, AG, AH, AJ, BF, BL, BM, BO, BP, BQ, BR, BS, BU）、自治会会長3名（2013～2021年実施、対象者：R1, R2, R3）、学校教諭1名（2022年実施、対象者：T1）、NPO・ボランティア組織・宗教団体の3団体（2013～2021年実施、対象団体：N1, N2, N3）である。

第2章
団地における外国人住民の生活実態と編入
―アンケート調査から―

第1節　外国人住民へのアンケート調査

以下では、郊外における公営住宅に住む外国人住民の編入についての総合的な考察のために、筆者が代表をつとめた研究チームが2018年に行ったアンケート調査の結果の概要を述べる。

1. 調査概要

本調査の実施時期は、2018年4〜7月である。

調査対象となる外国人住民へは、以下の2つのグループへの配布を行った。①住民基本台帳をもとに、神奈川県営X団地および近隣の横浜市営団地在住の18歳以上の外国籍住民（2017年6月30日現在）、②X団地周辺の教会・日本語教室などの外国籍住民。調査方法だが、①の団地在住者に対しては、住民基本台帳にもとづき調査票を郵送し自記式で回答してもらった。②の教会・日本語教室の学習者等には、直接配布し自記式で回答してもらうか、その場で回収もしくは後日郵送という形式をとった。

調査票は、日本語、英語、中国語、スペイン語、ベトナム語、カンボジア語、ラオス語の7言語版を作成した。住民基本台帳には個人の国籍は記載されていないため、日本語版および氏名から推測される国の言語の調査票を同封して送付した。教会や日本語教室において直接手渡しする場合には、本人の希望する言語の調査票を配布した。

調査票の有効回収票（表2-1-1）は139票であり、有効回収率は11.7%である。なお、転居等により141票が未着だったため、実質配布数は1,137票である。

以下の結果は有効回答が得られたものをもとに算出した。

〔表2-1-1〕調査票の有効回収率

	配布数	有効回答数	有効回収率
郵送	1,278	109	9.6%
直接手渡し	55	30	54.5%
合計	1,333	139	11.7%

本調査は、以下の問題意識から調査項目を作成した。おもなものとしては、基本的属性、就労、定住意識、家族との関係、母国とのつながり、地域社会への参画、災害に対する意識、子どもの教育、健康状態、外国人住民の受け入れについての自由記述である。詳細については、巻末の「アンケート調査票」を参照していただきたい。以下では、神奈川県営X団地および近隣の横浜市営団地在住の団地居住者のみ110名を抽出し分析を行う。

2. 回答者の基本的属性

最初に、抽出した団地居住者の回答者の基本的属性を述べておく。

(1) 国籍、年齢

回答者の国籍（図2-1-1）は、ベトナム（38.3%）、中国（19.6%）、カンボジア（18.7%）、ペルー（10.3%）の4国での合計で約8割が占められ、タイ、フィリピン、ラオス、韓国がそれぞれ1.9%、アルゼンチン、インド、インドネシア、スウェーデン、台湾、日本国籍はそれぞれ0.9%となっている。回答者の性別（図2-1-2）は、男性が48.2%、女性が51.8%である。平均年齢は47.93歳である。年齢階層（図2-1-3）で見ると、「31歳～40歳」の回答者が19.6%と最も多く、次に多かったのは「41歳～50歳」と「51歳～60歳」の回答者で、どちらも17.8%ずつだった。その次に多い回答者は「21歳～30歳」（15.0%）「61～70歳」（14.0%）となっている。

〔図2-1-1〕回答者の国籍

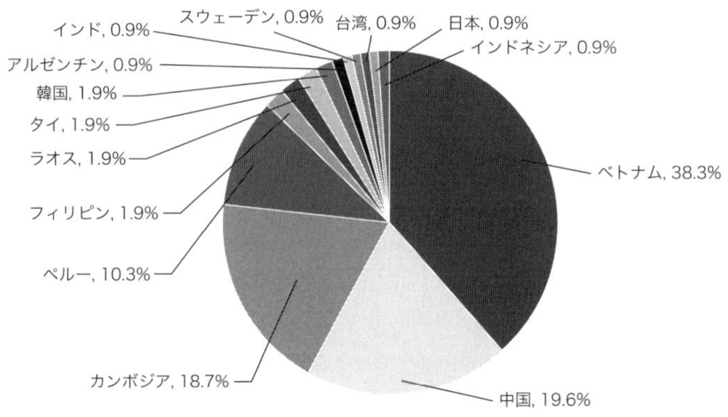

〔図2-1-2〕回答者の性別

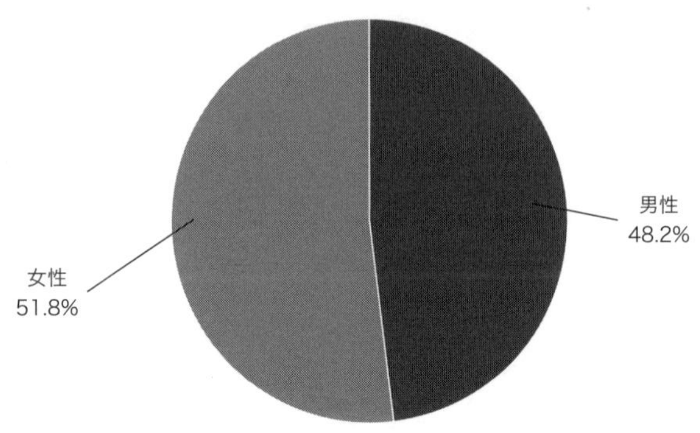

〔図2-1-3〕回答者の年齢階層（18歳以上）

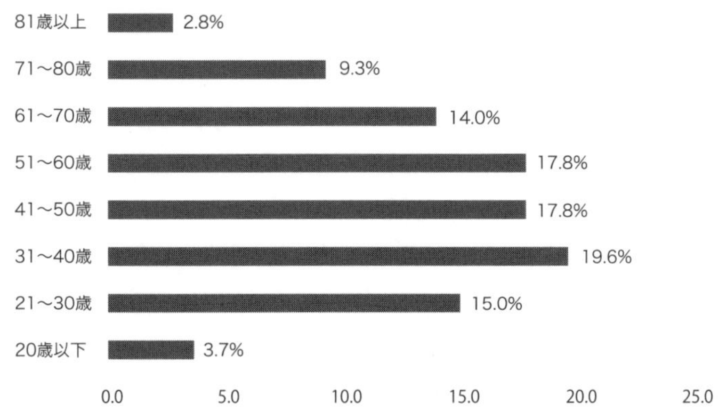

（2）出生地、来日年、来日理由、在留資格

回答者の出生地（図2-1-4）について、外国生まれが89.5%で、日本生まれは10.5%となっている。回答者の来日年の平均は1996年であり、20年以上日本で生活している人たちということがわかる。また、外国で生まれたと回答した人について、来日した年代（図2-1-5）を見ると、「1981〜1990年」が35.8%と最も多く、次は「1991年〜2000年」の29.6%だった。ただし、2000年代に入ってから来日した人も少なくなく、「2001年〜2010年」と答えた人が23.5%、「2011年以降」も9.9%だった。

来日理由（図2-1-6、単一回答）としては、家族と一緒に住むことやインドシナ難民としてという理由が8割を占めている。「家族と一緒に住むため（結婚も含む）」が56.1%、「難民として」が25.5%、「自分（家族）の仕事のため」が6.1%、「日本に魅力を感じた」が6.1%、「子どもの教育のため」が2.0%、「その他」が4.1%となっている。

回答者の在留資格（図2-1-7）は、「永住者」が65.7%、「家族滞在」が11.1%、「定住者」が8.3%、「日本人の配偶者等」が6.5%、「永住者の配偶者等」が2.8%、「その他」が1.9%である。「正規の滞在資格は持っていない」（0.9%）や「わからない」（1.9%）と回答した者もわずかながらいた。

〔図2-1-4〕 回答者の出生地

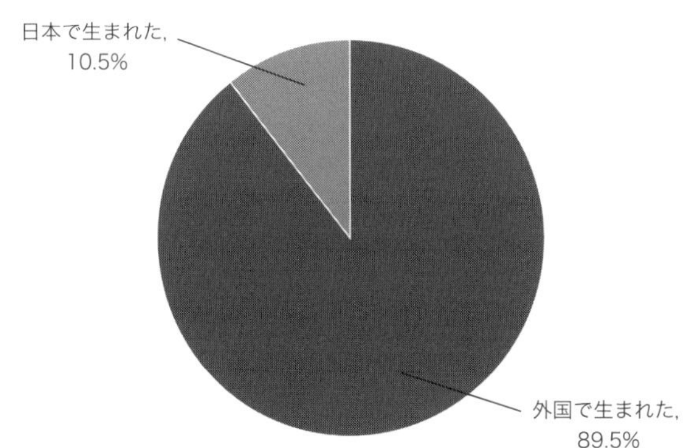

〔図2-1-5〕 回答者の来日年（外国生まれのみ）

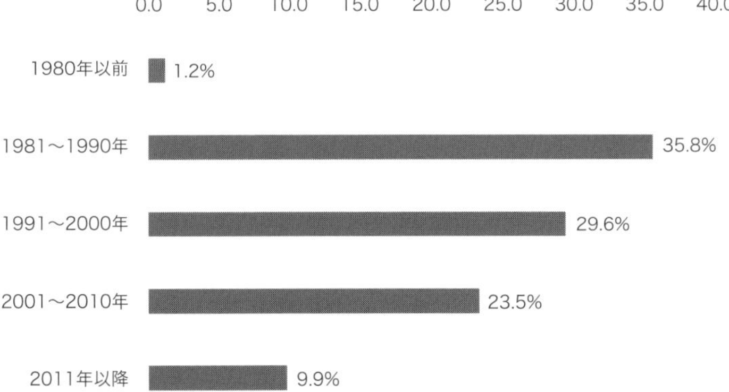

〔図2-1-6〕回答者の来日理由

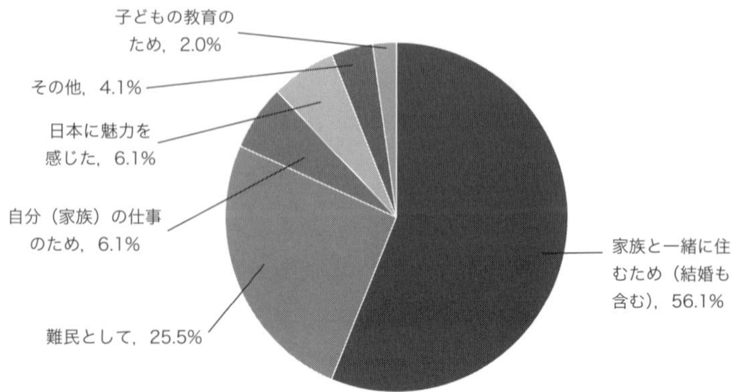

〔図2-1-7〕回答者の在留資格

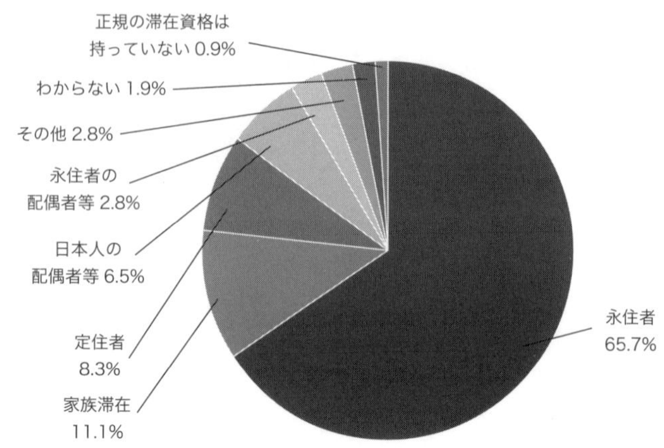

（3）団地への居住年とその理由

X団地への団地入居年は平均すると2003年であり、調査実施時に15年程度団地に住んでいることになり、長期間にわたりこの団地に住む人が回答していることがわかる。現在住んでいる団地（現在の居住地）に住み始めた年（図2-1-8）を尋ねたところ、最も早く団地に住み始めた年は1986年で、回答数の多い順に1991～2000年が40.8%、2011年以降が23.9%、2001～2010が28.2%、1981～

〔図2-1-8〕現在の居住地へ住み始めた年

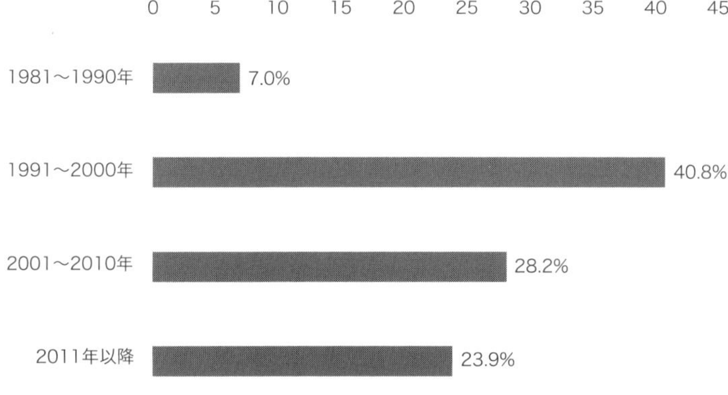

〔図2-1-9〕現在の居住地に住み始めた理由

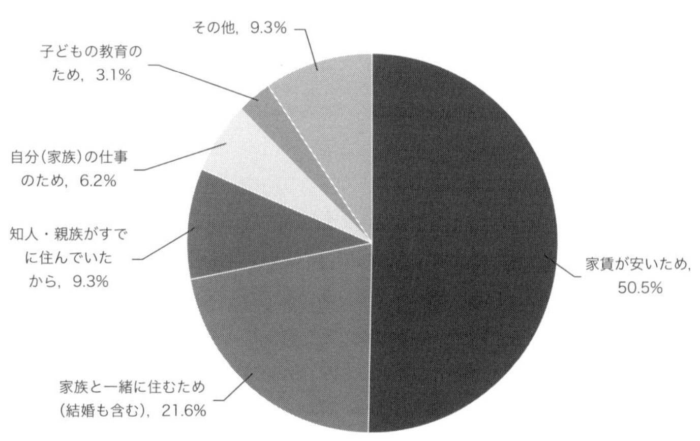

1990年が7.0%となっている。現在住んでいる団地（現在の居住地）に住むようになった理由（図2-1-9）を尋ねたところ、「家賃が安いため」と回答した人が最も多く50.5%だった。その他では「家族と一緒に住むため（結婚も含む）」が21.6%、「知人・親族がすでに住んでいたから」が9.3%、「自分（家族）の仕事のため」が6.2%いた。「子どもの教育のため」の割合は最も低く3.1%だった。

3. 回答者の就労状況

ここからは、回答者の就労状況について、「中国」「ベトナム」「カンボジア」「南米」「日本国籍を含むその他」の5グループに分け国籍別の傾向を見ていこう。

図2-1-10は現在の就業期間を表したものだが、全体として「10年以上」が最も多く27.3%、ついで「1年未満」19.5%、「5年～10年」15.6%、「1～2年」「3～5年」がともに13.0%と、長期間働いている人と短期間の人と2つのグループに分かれていることがわかった。中国籍では5年以上就労している人のほうが多く、ベトナム籍では4割の人が10年以上就労しており、1年未満の24.1%と二層に分かれていた。カンボジア、南米では、「1年未満」「3～5年」と短期間の傾向が強い。

前年1年間の勤務職場数（図2-1-11）は「1ヶ所」と答えた者が87.3%、「2ヶ所」は9.5%、「3～5ヶ所」は3.2%と、1ヶ所の事業所で働いた者が9割近く、就労状態はかなり安定的なサンプルであるといえる。ただし中国籍とベトナム籍と比べると、カンボジア籍と南米の割合は少なめである。

勤務地としては神奈川県のA市、B市、綾瀬市、藤沢市、海老名市などの神奈川県西部を中心として国籍ごとに就労地が異なる傾向がみられた。前年一年間の最も長く勤めた仕事の雇用形態（図2-1-12）としては、「パート・アルバイト」、「直接雇用（契約社員）」、「直接雇用（正社員）」「派遣社員」「自営業」の順となっている。国籍ごとの雇用形態の傾向は異なっており、中国は「パート・アルバイト」「直接雇用（契約社員）」「派遣社員」の順に多く、「直接雇用（正社員）」と答えた者はいなかった。ベトナム籍は「パート・アルバイト」、「直接雇用（契約社員）」、「直接雇用（正社員）」「派遣社員」の順で、カンボジア籍は「パート・アルバイト」、「直接雇用（正社員）」「派遣社員」で、「直接雇用（契約社員）」の回答者はいなかった。南米は「直接雇用（契約社員）」が7割を占めており、「パート・アルバイト」、「直接雇用（正社員）」と「派遣社員」の回答者はいなかった。

前年1年間の仕事内容（図2-1-13）の全体では、「工場での仕事（組立・溶接などの製造業）」が40.6%、「工場での仕事（弁当・食品加工）」が26.6%と、この2業種で7割近くを占めていた。ほか、「その他」「飲食店・販売などの仕事」「土木・建設業」が続いている。

ベトナム人の6割、カンボジアの5割が工場での仕事（組立・溶接などの製造業）と、製造業の工場労働に従事し、中国、南米は弁当食品加工など軽工業に従事する傾向がみられた。

1ヶ月あたりの給料（前年1年間／最長勤務職場）を全体でみると、「10万円未満」が32.3%、「10〜15万円未満」が18.5%、「15〜20万円未満」が21.5%、「20〜25万円未満」が15.4%、「25〜30万円未

〔図2-1-10〕 現在の就業期間

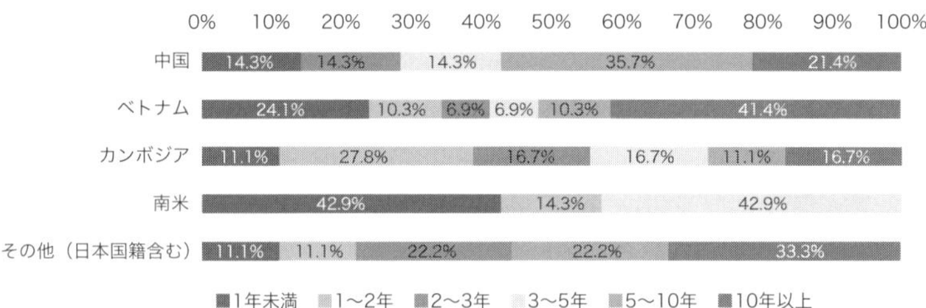

〔図2-1-11〕 前年1年間の職場数

〔図2-1-12〕 前年1年間の最長勤務職の雇用形態

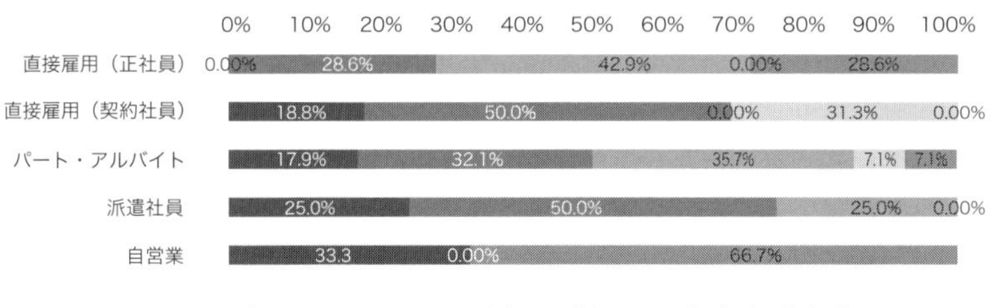

〔**図2-1-13**〕前年1年間の最長勤務職の仕事内容

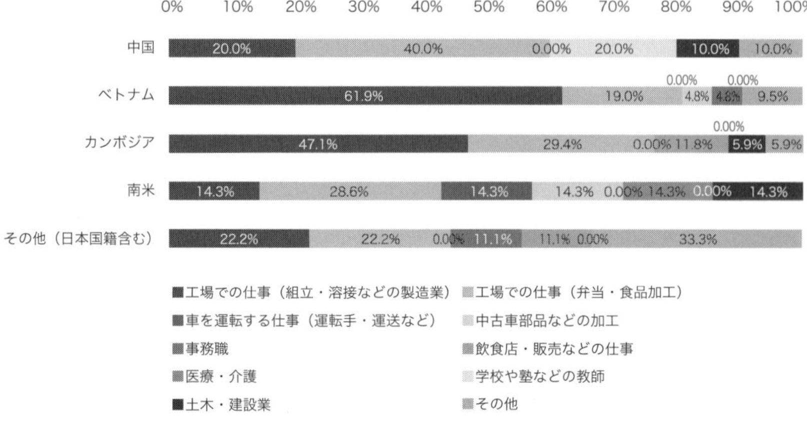

〔**図2-1-14**〕前年1年間の最長勤務職の1ヶ月あたりの給料

満」が10.8%、「30～40万円未満」が1.5%となっており、およそ7割の人たちが20万円以下であることがわかる。団地居住を続けるためには、収入の上限制限があるためそれが反映された結果であろう。中国とカンボジアでは「10万円未満」が、ベトナムでは「15～20万円未満」が、南米では「10～15万円未満」が一番多い割合で選ばれていた。

以上、就業期間や前年1年間の職場数の結果からは、団地居住者たち全体として安定的な雇用状況にあることがわかったが、雇用形態、勤務地、従事業種、1ヶ月あたりの給料の項目からは、国籍ごとに就労の特徴に違いがあることがわかった。団地居住者たちの国籍別の年齢階層の比率、男女比にはそれほど大きな相違はないことから、同じ団地居住の外国人住民であっても、ベトナム人とカンボジア人は製造業の工場労働に組み込まれ、中国、南米は弁当食品加工など軽工業の傾向にあることから、勤務地、雇用形態や月収にも違いが生まれていることがわかった。

母国への送金の頻度（図2-1-15）を尋ねたところ、「一度も送金したことがない」が半数以上を占めていた。その割合の多い順に、中国、南米、その他（日本国籍含む）、カンボジア、ベトナムの順である。ベトナム人とカンボジア人は、それぞれ「1年に1回程度」が30.6%、15.8%、「半年に1回程度」が13.9%、31.6%、「毎月送金している」が11.1%、0.0%となっており、半数程度が年に一回以上は母国に送金をしている。「送金している」を選んだ人のなかでの送金の方法（複数回答）は、「日本の銀行・郵便局から（窓口・ネットバンク含む）」が40.0%、「帰国時に持参する」が30.0%、「日本にある母国の銀行から（窓口・ネットバンク含む）」と「母国の知人に頼む」が24.0%、「その他」が6.0%となっていた。やはり国籍ごとに送金方法の割合は異なっており、中国では「日本にある母国の銀行から」、ベトナムは「日本の銀行・郵便局から」、カンボジアは「母国の知人に頼む」、南米は「日本の銀行・郵便局から」と「日本にある母国の銀行から（窓口・ネットバンク含む）」を一番多く選んでいた。1回の送金の金額（日本円）の平均額は116,341円で、5,000～30,000円が36.6%、30,001～50,000円が17.1%、50,001～100,000円が19.5%、100,001～200,000円が14.6%、200,001円以上は12.2%で、最高額は600,000円だった。中国は200,001円以上、ベトナムは30,001～

〔図2-1-15〕母国への送金の頻度

〔図2-1-16〕来日年×母国への送金の頻度

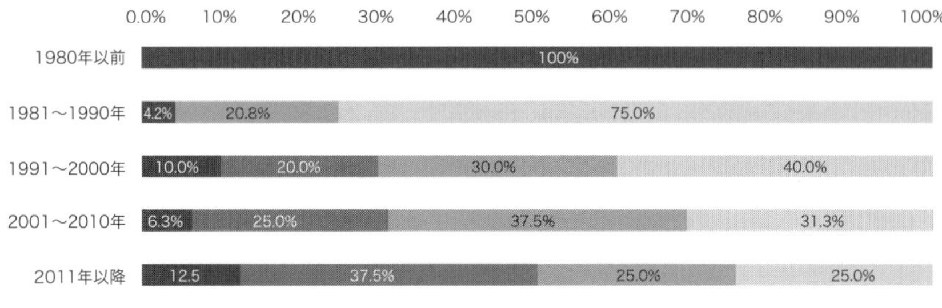

50,000円、カンボジア、南米、その他いずれも5,000〜30,000円が一番多く選ばれた。

全体的に母国への送金はそれほど活発な集団とはいえないが、南米に比べアジア出身者では年1回以上送金をする者は4〜5割おり、送金頻度はそれほどではないが中国人の1回の送金額は20万円以上と高い。ベトナムとカンボジアは、送金頻度は高いが1回の送金額は数万円のレベルである。来日年とクロス集計してみると、2011年以降に来日した層では意外にも送金をしている人の割合は少なく、日本在住年数が20年近い人でも送金している層がいることも明らかになった（図2-1-16）。日本で稼いだ金で母国の不動産（土地や家）を購入したことがあるかについては、「購入したことがある」8.2%、「購入したことがない」91.8%で、国籍問わず購入者は少数派だった。母国で不動産購入まで行っている者はほとんどいなかったが、南米出身者に比べ、中国・ベトナム・カンボジアのアジア地域の出身者のほうが、送金を通じた母国の親族や社会とのつながりが維持されているということが推測された。

4. 地域生活について

(1) 日本人とのつきあいについて

近所の日本人とのつきあい（図2-1-17）については、全体では「あいさつをするなど、最低限のつき合いがある」という回答が半数以上を占めた。「生活面でも協力し合うなど親密なつき合い」があると答えた人の割合は、カンボジア、ベトナム、南米、中国、そ

〔**図2-1-17**〕近所の日本人とのつきあい方

〔**図2-1-18**〕職場の日本人とのつきあい方

の他の国籍（日本国籍含む）の順で選ばれていた。近所の日本人との交流が最も少ないのは南米出身者であった。職場の日本人とのつきあい（図2-1-18）では、全体的に、近所の日本人よりも、「生活面でも協力し合うなど親密なつき合い」や「日常的に話をするぐらいのつき合い」があると答えた人の割合が高くなった。とくに中国籍では、そのどちらかを選択した人の割合が、近所の日本人とのつきあいと比べて明らかに増加しているが、南米の人は「あいさつをするなど、最低限のつき合いがある」の割合が62.5％と、職場においても日本人との交流が最も少ないグループであることがわかる。

以下の4つの設問は、地域の日本人住民に対する要望について尋ねたものである。「外国の文化生活習慣を理解するように努めることを望むか」（図2-1-19）という質問に対しては全体としては「どちらかといえば望む」「強く望む」が87.9%と大多数を占めた。一番強く希望していたのは、中国籍と南米出身者で、ベトナム国籍、カンボジア国籍と続いている。地域の日本人に対して日ごろから外国人住民と言葉を交わすことを望むか（図2-1-20）に関しては、全体としては75.6%が「強く望む」「どちらかといえば望む」という結果であり、南米が最も多くそれを選ぶ傾向を見せていたが、国籍に

〔図2-1-19〕地域の日本人に外国の文化、生活習慣を理解するようにつとめることを望むか

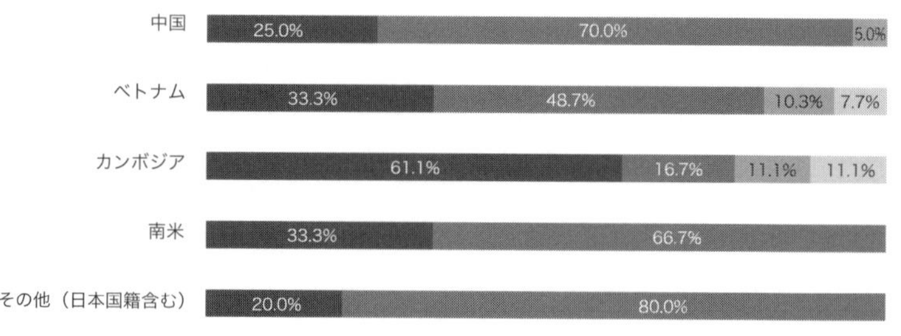

〔図2-1-20〕地域の日本人に対して日頃から、外国人住民と言葉をかわすことを望むか

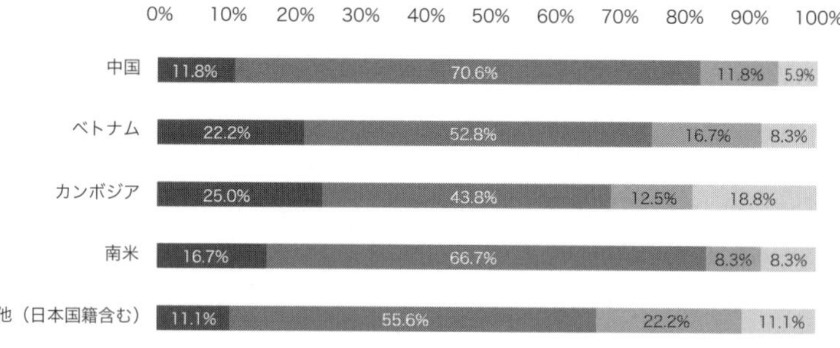

よる違いはそれほどみられなかった。「地域の日本人に日本語日本の習慣を外国人住民に紹介することを望むか」（図2-1-21）を尋ねたところ、全体の84.0%が「強く望む」「どちらかといえば望む」を選んでおり、この傾向が強いのは南米、中国、ベトナムの順であった。「地域の日本人に外国語を理解するように努めることを望むか」（図2-1-22）については、全体の82.6%が「強く望む」「どちらかといえば強く望む」で、割合の多い順にベトナム、中国、南米となっており、この傾向が低かったのがカンボジアで6割に満たなかった。

〔図2-1-21〕 地域の日本人に日本語、日本の習慣を外国人住民に紹介することを望むか

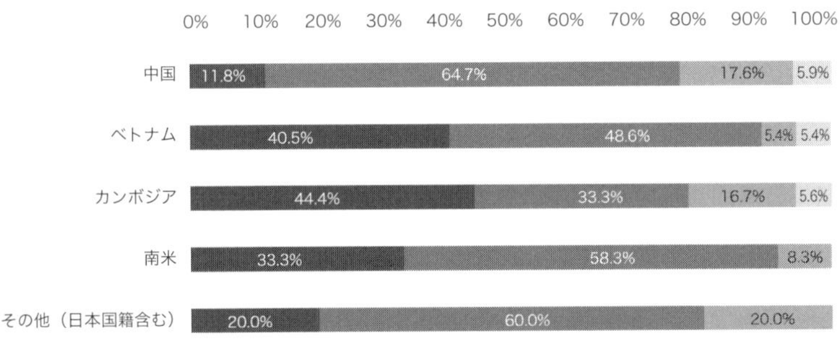

〔図2-1-22〕 地域の日本人に外国語を理解するようにつとめることを望むか

(2) 同国出身者とのつきあいについて

家族以外の近所の同国出身者とのつきあい（図2-1-23）については、「あいさつをするなど、最低限のつき合いがある」30.1%、「日常的に話をするぐらいのつき合いがある」26.2%、「生活面でも協力し合うなど親密なつき合いがある」25.2%と、全体としては同国人と何らかのつきあいがあることはわかるが、予想よりはその親密度は低い結果となっていた。「生活面でも協力し合うなど親密なつき合いがある」を選んだ割合が一番多かったのは、カンボジア人であった。南米出身者では、「近所に同じ国出身の人はいない」が最も多く選ばれていた。同国出身者の集まりへの参加の頻度（図2-1-24）については、全体では、「参加していない」と答えた人の割合が半数近かった。国籍別にみると、南米出身者とベトナム人ではさらにその傾向が強く、カンボジア人と中国人では、「年に1回程度」参加

〔図2-1-23〕 近所の同国出身者とのつきあい方

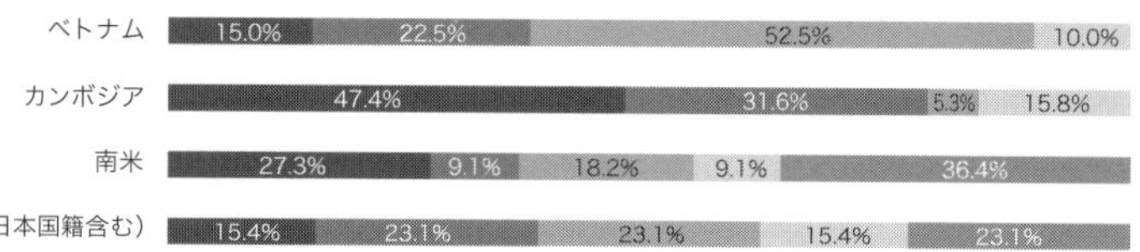

〔図2-1-24〕 同国出身者の集まりへの参加頻度

すると答えた人が3~4割程度となっている。

団地のなかで困ったときに相談する相手（図2-1-25）を複数回答で答えてもらったが、「家族」と答えた人が全体で最も多く（30.7%）、次いで「同国出身の友人」（27.7%）であった。「日本人の友人」（16.8%）のほか、「近所に住む日本人」「行政の相談窓口」（いずれも14.9%）と日本社会にも相談相手がいることがわかった。わずかではあるが、「相談する相手がいない」と答えた人も11.9%いた。国籍別でも「家族」という答えが多いが中国籍ではその傾向がとくに顕著で、ベトナム籍では「同国出身の友人」が、カンボジア籍では「ボランティア団体」が最も多くなっている。

必要な情報の入手先（図2-1-26）として、全体では、「インターネット」（43.1%）「同国出身の友人」（40.2%）「家族」（26.5%）テレビ

〔図2-1-25〕団地での生活で困ったときに相談する相手（複数回答）

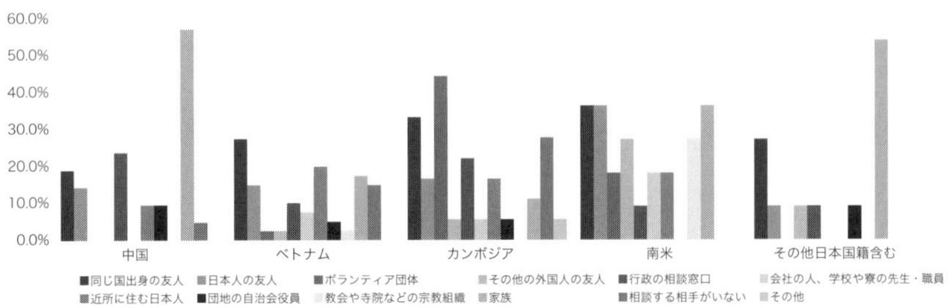

〔図2-1-26〕必要な情報の入手先（複数回答）

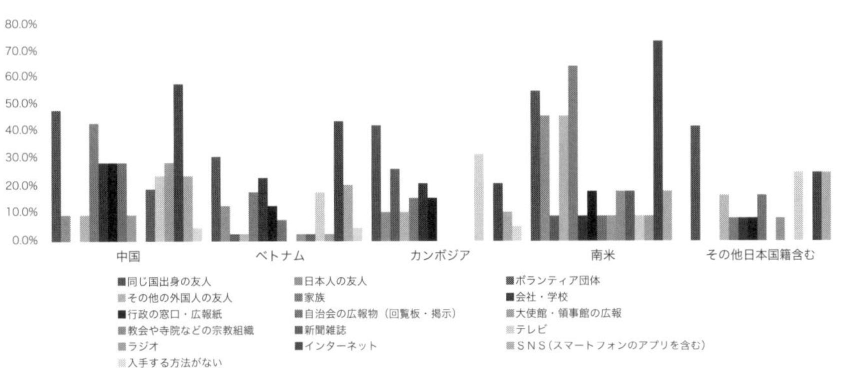

(21.6%)「会社・学校」(20.6%) の順に多く挙がった。情報を入手する方法はないと答えた人は、3.9%にとどまっている。国籍別に見ると中国籍では同様の傾向だったが、ベトナム籍では、三番目に多いのは「会社・学校」、「ＳＮＳ（スマートフォンのアプリを含む）」が20%を超えて選ばれていた。カンボジア籍では「家族」や「インターネット」よりも「同国出身の友人」「テレビ」「ボランティア団体」が多く選ばれていた。南米では、「家族」「同じ国出身の友人」「日本人の友人」「その他の外国人の友人」と、より幅広いネットワークから生活の情報を得ていることが窺えた。

(3) 防災関連

災害関連では、「災害時避難場所を知っているか」という質問（図2-1-27）に対して、全体では74.5%が「知っている」と答えた。なかでも、中国で95.2%、カンボジアで83.3%の人が「知っている」と非常に高い割合で答えている。次いで、その他（日本国籍含む）、

〔図2-1-27〕災害時避難場所を知っているか

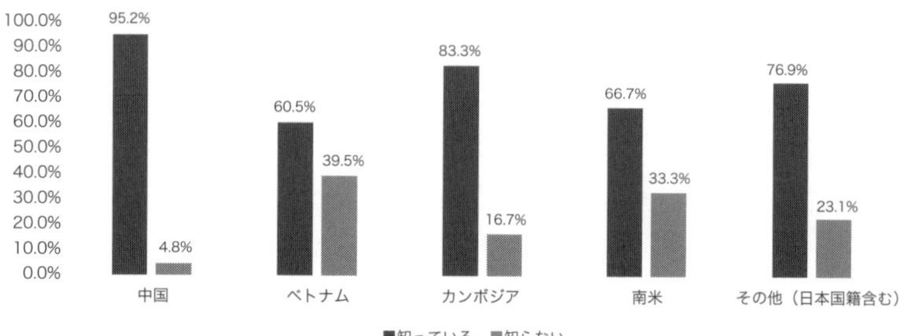

〔図2-1-28〕防災訓練参加経験の有無

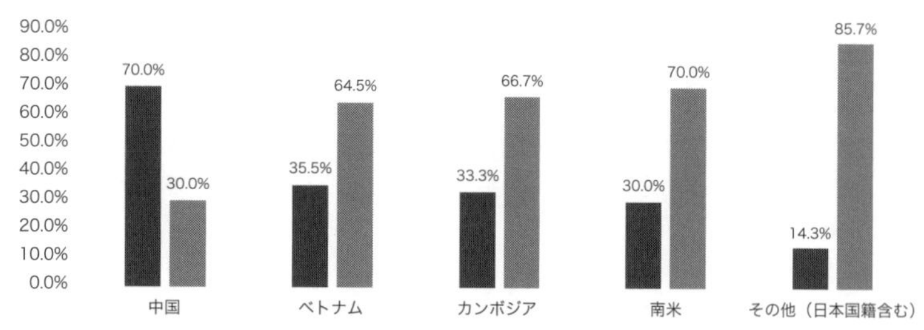

南米、ベトナムの順であった。一方、防災訓練参加経験の有無（図2-1-28）では、「参加経験なし」と答えた人が全体の6割近くを占めている。中国のみ「参加経験あり」が70%にのぼったが、その他（日本国籍含む）、南米、カンボジア、ベトナムの順で「参加経験なし」が多い結果となっている。

第2節　外国人住民の公営住宅への定住意識の規定要因

第1節でも述べたとおり、仕事内容（前年1年間／最長勤務職場）については、国籍によって違いはあるものの、勤務地としてはA市や県西部を中心として、組立・溶接などの製造業や工業分野、弁当・食品加工等の軽工業の工場労働に回答者たちが組み込まれていることがわかった。従来の移民研究では外国人の居住決定要因として最も重要なのは、就労であり、それに大きく左右される形で居住地選択も行われると考えられてきた。本調査の回答者の傾向を見る限り、比較的安定的な雇用状況に置かれているが、本節では「いまより良い仕事が見つかった場合引っ越すか」についての設問から、今後の居住予定について明らかにする。神奈川県X団地の外国人住民の編入を事例として、外国人住民の公営住宅への定住意識を規定する要因に迫りたい。X団地の18歳以上の外国人住民を対象としたアンケート調査にもとづき、就労以外の移住者の「編入」や定住意識の規定要因およびその様式は何かというリサーチクエスチョンを明らかにする。

なお、以下の分析では、p値が0.05未満を統計的に有意とみなす。

1. 定住意識の規定要因

外国人住民の定住意識の規定要因を明らかにするため、「（日本国内で）ほかに良い仕事があったら引っ越すか」という質問を設定した（図2-2-1）。回答者全体では65.9%と、6割以上が「引っ越さない」と答えており回答者の定住志向がみられる。国籍別では、中国籍のみ「引っ越す」と「どちらかといえば引っ越す」とで63.2%選択されているのが対照的だ。カンボジア籍は、「どちらかといえば引っ越さない」と「引っ越さない」を合計して、9割近くが引っ越さないと答えた。南米も引っ越さないが7割近かった。カンボジア人と南米出身者の二集団は定住志向が強い集団といえる。ベトナム人も6割以上は引っ越さない傾向にあるが、「すぐに引っ越す」と「どちらかといえば引っ越す」とで4割近くが選ばれている。移動志向の強い順に、中国、ベトナム、カンボジア、南米となっており、国籍による移動志向の違いが顕著である。

現在の居住地への居住予定年数（図2-2-2）については、「わからない」と答えた人たちが7割近くとなっており、前述の引っ越しに

〔図2-2-1〕引っ越しの意思（国内）

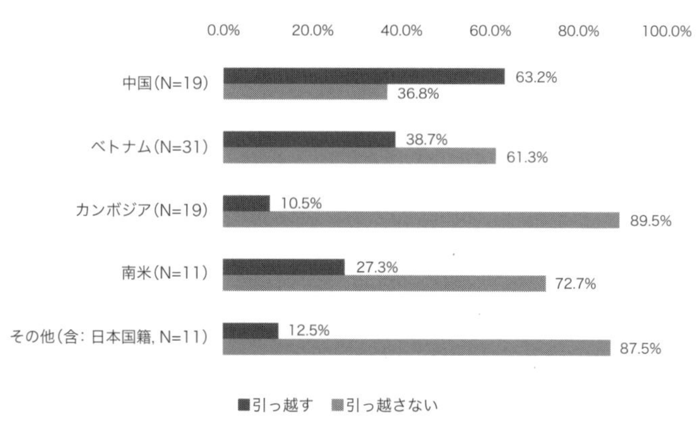

〔図2-2-2〕現在の居住地への居住予定年数

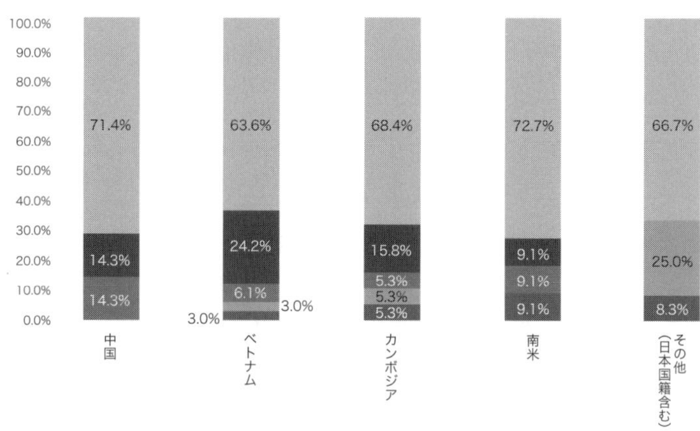

対して消極的な姿勢と比べると、少し意外な結果となった。そうはいっても、「10年以上」が約15%で、ついで「5年から10年程度」「2年から3年程度」「1年程度」が10%未満となっているので、具体的な年数を答えた人は比較的長期的なプランを持っていることがわかる。国籍ごとには、これまでの設問で定住志向が高いように見えた南米出身者が、「わからない」を最も多く選んでいた。ベトナム人は「10年以上」と答えている人が24.2%と、他の国籍に比べ10年以上の定住を予定しているという点が特徴的である。

さらに、引っ越しに対する年齢による違いは、表2-2-1のとおり年齢が高い人ほど「引っ越さない」と答える人が多いことがわかる。子どもの有無との関係では、18歳以下の子供がいる世帯の方が「ほかに良い仕事が見つかったら引っ越す」と答えた割合が多く、子どもがいない世帯の方が「引っ越さない」と答えた割合が多い（図2-2-3）。このことから、子どもが独立した後も団地に住み続

〔表2-2-1〕 年齢と引っ越しへの意思

年齢×国内引っ越し					
	国内引っ越し	度数	平均値	標準偏差	平均値の標準誤差
年齢	引っ越す	30	39.73歳	14.02	2.56
	引っ越さない	58	47.53歳	16.568	2.175

〔図2-2-3〕 18歳以下の子どもの有無×国内引っ越し

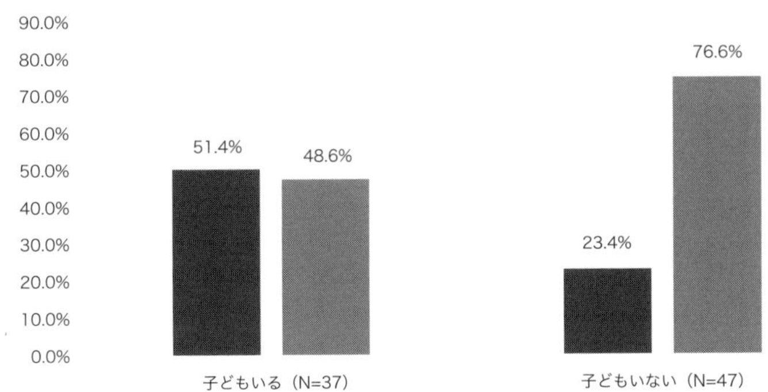

けるという選択をする層がいることが推測される。ただし、居住予定年数については「わからない」との回答が6割を超えている。

図2-2-4の引っ越さない理由を複数回答で尋ねたところ、全体としては「家賃が安いから」が最も多く選ばれており（36.5%）、安い賃料で住むことができるという点は団地の大きなメリットであることは当然といえよう。続いて「子どもの現在の学校を変えたくないから」と「生活環境が良いから」22.2%、「家族のため」20.6%、「同国人の友人・知人が多いから」と「職場が働きやすいから」が19.0%という順番となっている。さらに、「子どもの進路のため」と「子どもの現在の学校を変えたくないから」を合わせると34.9%にのぼり、安い家賃に迫る理由となっていることがわかる。18歳以下の子どもがいる回答者は引っ越すと回答する割合が多かったにもかかわらず、子どもの学校を変えたくないという理由が家賃とほぼ同率で挙げられている点は注目に値する。

国籍によって、引っ越さない理由の違いが顕著にみられている。中国人は「家賃が安いから」よりも、子どもの教育のためと答えた人は約2倍だったが、日本国籍含むその他の国籍の人では、「家賃が安い」と子どもの教育のためが同じ割合で選ばれていた。ベトナム、カンボジア、南米では、「家賃が安いから」が最も多く選ばれていた。教育のための内訳でも国籍別の特徴がみられた。ベトナム人とカンボジア人は「子どもの現在の学校を変えたくないから」

〔図2-2-4〕 国内の引っ越さない理由（複数回答）

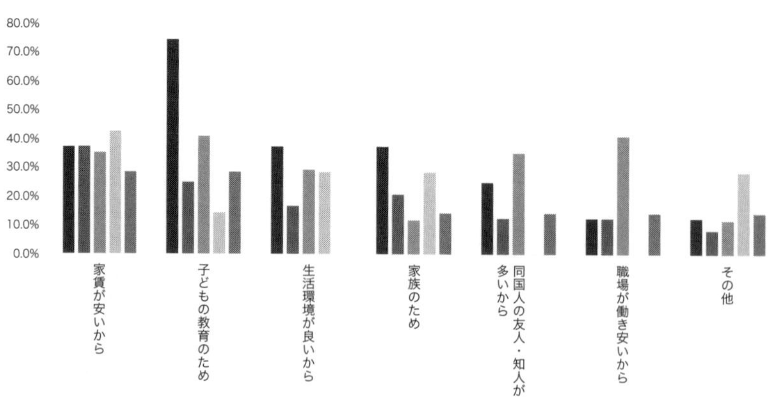

のほうが多く選ばれているのと対照的に、中国人とその他（日本国籍含む）では、「子どもの進路のため」のほうが「子どもの現在の学校を変えたくないから」よりも多い割合で選ばれていた。このことから、中国人とその他（日本国籍含む）の国籍の人たちの子どもの進路を意識した居住意識の戦略性の違いも窺える。南米出身者は子どもの教育のためを理由として挙げた者の割合が最も少なく、14.3%となっている。また、前述の団地に引っ越してきた理由のなかの「子どもの教育のため」はわずか3.1%だったのと比較すると、長年の団地居住を経て子どもの教育が引っ越さない理由の決定要因へと変化しうる可能性が示唆される。

学齢期の子どもを持つ者に尋ねた子どもの通う学校の教育への満足度（図2-2-5）では、「日本語指導」「教科指導」「母語指導（含：母語の文化）」「進路指導」「保護者への多言語支援（文書翻訳や保護者会の通訳）」「部活動・クラブ活動」「国際理解・多文化共生教育（含：イベント）」「給食」といったいずれの項目でも、「大変満足している」「まあ満足している」が選択されており、学校への高い満足度が明らかになった。

〔図2-2-5〕子どもの通う学校の満足度

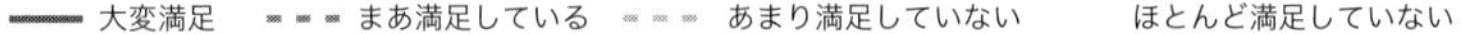

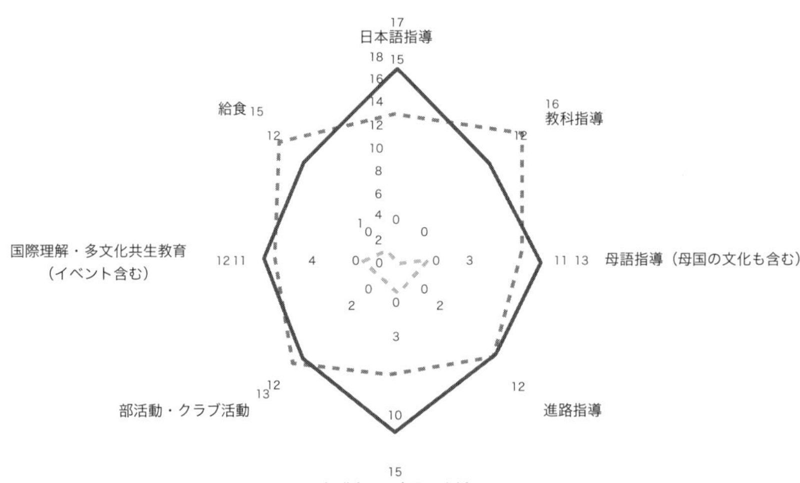

本研究のリサーチクエスチョンの一つとして、外国人住民にとっての定住意識は就労の要因よりも、地域内の学校における外国につながる子どもへの教育の影響が大きいのではないかと考えたが、アンケート調査の結果としては子どもの教育要因は団地への入居理由や定住意識に与える影響としてはそれほど大きくはなかった。とはいえ、「引っ越さない」理由のなかでは、子どもの教育のためという要因は、安い家賃とともに選ばれており、学齢期の子どもを持つ者からの学校教育への評価も総じて高いことがわかった。団地入居時にはほとんど意識されることのなかった教育要因が、長期間の入居を経てその重要性が高まるとも考えられる。

以上を踏まえて、外国人住民のX団地への高い定住意識を規定する要因としては、国籍による違いのほか、年齢と子の有無であることが明らかになった。

(3) 自治会活動への態度

では、こうした定住志向の強い回答者たちの、団地の自治会活動への態度はどうなのであろうか。

自治会の清掃・防犯活動への参加頻度（図2-2-6）について、「よく参加している」、「だいたい参加している」の合計の割合は、中国85.7%、ベトナム79.5%、カンボジア78.9%、その他（日本国籍含む）76.9%、南米が少し低く58.3%となっている。祭りや国際交流イベントの「よく参加している」、「だいたい参加している」を合わせた

〔**図2-2-6**〕自治会活動への参加頻度（清掃・防犯活動／祭り・国際交流）

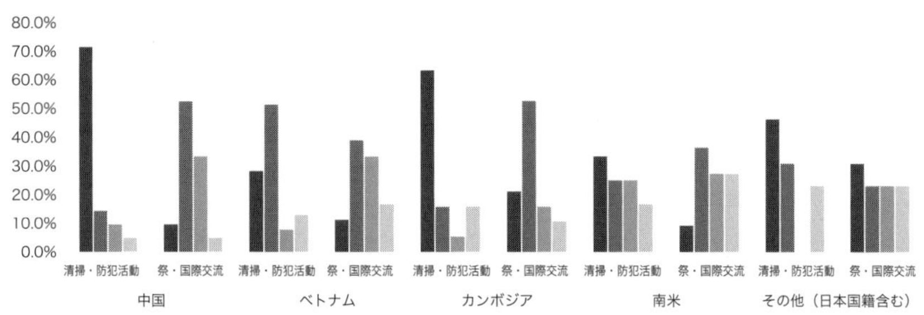

〔図2-2-7〕 国籍×自治会運営（代表・役員）への関与

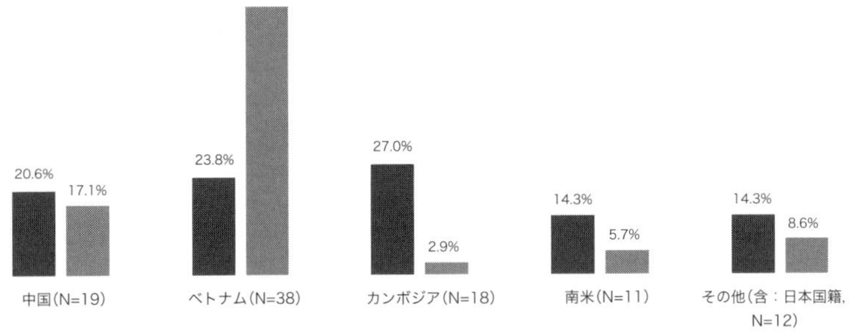

割合は、カンボジア73.7%、中国61.9%、その他（日本国籍含む）53.8%、ベトナム50.0%、南米45.5%と、祭りやイベントにカンボジア人が積極的であることがわかる。ここでも南米の参加頻度が低い。

清掃活動・防犯活動への参加頻度との関連では、年齢および団地居住開始年で有意な差がみられたが、当然のことながら、団地に長年住んでいて、年齢を重ねている人はこれらの活動に参加する回数が多くなり、輪番で回ってくる班長なども多く経験するだろう。ただし居住歴が長いからといって、棟ごとに組織される自治会の役員就任などの運営への関心が高まるかというとそうではなく、低いレベルにとどまっている。年齢が高く、居住年数の長い人ほど自治会活動参加の頻度は高くなるが、それが自治会の運営に対する参加意欲の向上にはつながっていないことがわかる。

ただし、図2-2-7にあるように、自治会運営（代表・役員）への関心については総じて消極的だが、国籍による違いがみられており、とくにベトナム人のなかで高い関心が示されている。ベトナム人の清掃・防犯活動やイベントへの参加頻度は他国に比べそれほど高くないものの、自治会役員への就任に高い関心を示していることは対照的だ。同じインドシナ難民出身でも、カンボジア人は祭りや国際交流のイベントへの参加頻度が高かったため、この二国でも自治会活動の関心分野が異なっていることが推測される。また、日本人とのつきあいの多寡での有意差もみられ（図2-2-8）、近所の日本人とのつきあいが多い者ほど自治会運営への関心が高い傾向がみられた。

〔図2-2-8〕近所の日本人とのつきあい×自治会運営（代表・役員）への関与

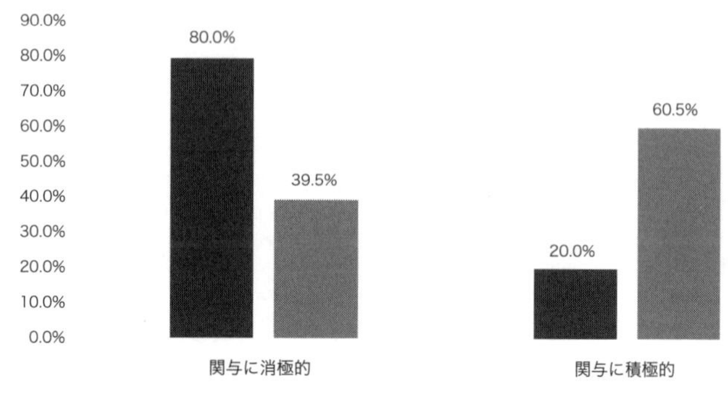

（4）団地での暮らしに関する自由記述から

アンケート調査の自由記述からは、いくつかの課題について言及された。以下では、その実態が窺える代表的な記述を引用する（[　]内は国籍。外国語での回答は日本語に翻訳している）。

1）日本社会や団地での外国人受け入れに対する積極的意見や感謝

日本社会全体や日本人に対しての評価をする意見のなかに、団地での生活が暮らしやすい、近所の人が親切という意見があった。

> 私は、ベトナムから日本に移住してからずっとこの団地に住んでいます。近所の日本人の方々はとても親切だと思います。困っているときによく助けてくれます。[ベトナム]

とくに、ベトナムとカンボジア国籍の回答者たちからは、難民を受け入れてくれたことへ感謝する内容で、ほとんどは日本政府と日本国民に向けられたことばだった。

> 私の家族が安定した暮らしが出来るまでに多くの方から支援を頂きました。私たち家族はこうして今の団地に住めて嬉しく思っています。地域役所の方々はじめ、日本政府に心から感謝を申し上げます。[ベトナム]

2) 外国人差別に対する意見

被差別経験・不満は、自由記述でも数多く言及された。具体的には、ゴミ出しなどの共同生活上のルールを守らないと外国人が疑われやすいこと、外国人をよそ者として扱わないでほしいということが挙げられた。

> 最初は生活する上でルールなど理解するのに苦労したと両親からよく耳にしていました。もちろんコミュニケーション不足ということがあったのかもしれません。けれど、月に1回、掃除する機会に参加したりすることで少しでもコミュニケーションを図るということも大事だと実感しています。また、ゴミ出しのルールで間違った出し方をすると、最初に矛先を向けられるのは外国籍の方です。なぜだろうと憤りが募るばかりですが、すべての人が間違った出し方をしているとは限らないことを意見として反映させて下さい。［南米］

3) 団地生活に対する改善点

団地における外国人の抱える課題として指摘するものである。自治会運営について、情報の多言語化（団地ではマイノリティである英語による情報）、日本語が不自由なため病院や緊急の通訳サービスを求める意見、外国人向けの情報不足などについての意見が述べられた。

> まず、団地に住んでいる外国人に強引に代議委員をやらせないでほしい。団地に住んでいる外国人は、（母国から来たら、の立場で考えると）まだ日本語もわからないから、無理やり入れても日本語も話せない、聞けないから困る。［南米］

4) 他の外国人への意見

長く団地に住んでいる人たちからは、外国人、とくに日本での生活が日の浅い人たちへの不満も寄せられた。とくに、新来外国人が日本の法律や規則・ルールを守ることを求めている。また、日本での生活への態度の違いなどについても指摘する意見がみられた。

長く住んでいて感じるのは、住み始めた当初は外国人に対して方法や体制の如何にかかわらず、地域に馴染めるようにしてあげようという気持ちの人が沢山おり、外国人もその気持ちに応えて地域に馴染もうというお互いの気持ちの疎通があった。今では当地域に新しく来る外国人の質が変わり、地域に馴染もうという気持ちが薄く自分たちさえ良ければ良いという人たちが増えたように感じる。行政による母国語の資料配布等、昔に比べ地域に馴染みやすくなっているはずではあるが、上記のような気持ちの人が多く、日本人住民と外国人住民との理解は昔より進んでいないように感じる。[ベトナム]

2. 考察

本アンケート調査の結果によると、来日理由や母国における学歴といった「出国の状態」「出身階層・人的資本」という先行研究の経済的「編入」を規定するとされていた要因は本団地への定住意識には影響を及ぼしていなかった。こうした要因よりも、国籍、年齢と子の有無がより決定的な要因になっていた。中国出身者は団地からの引っ越しという意味での移動志向が強いが、ベトナム・カンボジア・南米出身者は定住志向が強いなど、国籍による意識の違いがみられた。団地に住み続ける理由としては、家賃の安さ、子どもの教育への満足度、年齢が高い人ほど定住志向がみられた。全体としては、一般的な団地に住む日本人住民に近い団地への定住意識ともいえる。周辺の工場地帯における製造業への就労を中心として雇用が安定していることに加え、「多文化教育」を掲げる学区内の学校教育への評価も高く、これらの要因が外国人住民にとって「住みやすい」地域となっていることは確かである。

一方、本アンケート調査のサンプルによると、居住年数が長い人、良い仕事が見つかっても団地から引っ越さないと答えた人が多かったが、必ずしもこのような層のなかで自治会活動や運営への関心が高いとは限らないことも明らかになった。とはいえ、ベトナム人に関していえば自治会の運営に携わることへの関心が高く、この理由については、日本政府や日本人への感謝といったインドシナ難民のなかでみられる「モデルストーリー」の影響が考えられた。ではなぜ自治会活動への関心の高さがベトナム人のみに現れるのか。これは、同じインドシナ難民出身でも、カンボジア人は自治会の祭りや国際交流等のイベントへの参加頻度が高い傾向がみられ、自治会活動の関心分野が二国間で異なっているからなのではないだろうか。また、日頃から近隣の日本人との付き合いが多い人たちのなかでも、自治会活動への参加への関心は高いことから、今後の自治会活動への参加を促す上では、国籍によるアプローチの違いや日頃からの日本人との交流などが重要であることを意味している。

一方で自由記述からは、長期間団地に居住する外国人による、新来の外国人住民に対する「自分たちとは違う」といった区別化する意見もみられている。ニューカマー外国人の入居が増加したのが80年代後半から90年代だったことを考えれば、ニューカマー外国人住民のなかでも、いわば「オールドカマー」と「ニューカマー」の住民が存在し、それぞれの経験や態度の違いにより両者の間に心理的な距離感を生み出していることがわかる。日本社会全体における外国人住民の縮図ともいえ、外国人住民の社会統合を語る上での難しさを物語っている。

アンケート回答者のなかでは母国の不動産購入を行ったという人はほとんどいなかったが、南米出身者よりも、中国・ベトナム・カンボジアのアジア地域の出身者のほうが、送金を通じた母国の親族や社会との紐帯を維持し続けていることも明らかになった。後の章で触れるが、外国人住民へのインタビュー調査からは、母国とのネットワークや規範意識にも依拠しながら暮らす人たちの実態も明らかになっている。団地というより同化的な力が働きがちな「社会装置」の場での生活のなかで、外国人住民が維持するトランスナショナルなネットワークとの両立や重層性は看過すべきではないだろう。

近年では、周辺の住宅を購入し団地を出ていく外国人世帯の一方で、30年以上居住する者、二世代にわたって住み続ける者もおり、これらを総合すると、インドシナ難民や南米で、高齢で、子どもが独立した後も団地にとどまる外国人の存在が予測される。今後、外国人住民の長期入居にともない、高齢化や独居化など、X団地で顕著な高齢化する日本人住民の居住形態に近づくことも予想される。ニューカマー外国人住民のなかでも社会参加への態度の違いもみられるようになっている。長年住み続ける者は必ずしも経済的に「団地を出られない」集団でもなく、「団地に住み続ける」選択をした「生活者」の存在についての再検討が求められるだろう。

本研究チームが実施したアンケート調査はサンプルサイズとしてはそれほど大きくないため、今回の結果のみでX団地の外国人住民傾向として断定的に結論づけることは難しい点が今後の課題として残っている。

以上、神奈川県X団地の外国人住民の編入を事例として、アンケート調査の結果をもとに、かれらの定住意識のほか自治会活動への参加、団地における暮らしに対する意識を中心に論じてきた。移民の編入が経済的・就労的要因のみによって決定されるという従来の仮説に対し、子どもの教育や、年齢が高い人ほど定住志向がみられるなど、着目点の修正を試みた。とりわけ本調査のサンプルが長年日本に住み団地にも長く住む人たちが多かったため、就労以外の移住者の「編入」の規定要因およびその様式、そして定住意識については日本人住民のそれと近づく傾向にあることも明らかになった。今後この地域で起こりうることとしては、中国帰国者のほかインドシナ難民や南米出身者のなかでも高齢化が進み、かれらの子どもが独立した後も夫婦であるいは一人で団地にとどまる外国人住民の増加が予想される。また、外国人住民の長期入居にともない、高齢化や独居化など、X団地で現在深刻な問題となっている日本人住民の高齢化の問題を時間的に後追いする現象が現れることも考えられる。

第3章

地域社会と外国人住民のつながり

—自治会参加と教育の視点から—

本章では地域社会と外国人住民のつながりについて、X団地における自治会と外国人住民の関係や多文化共生への取り組み、そして子どもの教育へのサポートネットワークについての考察を進めていく。

第1節　自治会と外国人住民

1. 外国人住民が自治会活動に参加する意味

X団地のようないわゆる郊外型団地は「ニュータウン」とも呼ばれるが、「ニュータウン居住」という経験が取り立てて注目されることはそれほどなく、文化的な帰属意識の基盤となりうる集合的な歴史の不在がしばしば指摘されている（小林 2015: 157）。ニュータウンは文字通り「新しい街」であるがゆえに、「歴史とは対極にある存在」とみなされやすい」のだという。〈いま・ここ〉におけるニュータウン居住のみが前景化され、ことさらに過去との断絶が強調され、ニュータウンが超歴史的な存在としてとらえられてしまう課題を小林は指摘している（小林 2015: 160）。

公営住宅の団地自治会は自主管理により、団地の維持管理と住民自治の中心という2つの機能を有す（稲葉ほか 2008: 286）。すなわち公営住宅の仕組み上、日本人と外国人が関係を持たざるを得ない必然性があり、それが外見上、多文化共生への取り組みをしているような印象を与える現状である（稲葉ほか 2008: 286）。団地コミュニティに外国人住民が居住する場合の問題は日本語でのコミュニケーションの難しさが挙げられている（稲葉ほか 2008: 276）。また、自治会活動に外国人住民が参加する際には、日本語が堪能な外国人の存在が必要であるとか（山本 2006）、日本人のサポートによる外国人自治会役員になった例（池上・福岡 2004）など、参画にあたっては日本語力が問われることが指摘されている。

だが、外国人住民の日本の自治会への参画には、日本語でのコミュニケーションが可能か否かのみならず、相互に関わり合う関係性が重要とも指摘されている（稲葉ほか 2008: 279）。たとえば、トラブルの内容と一般的な対応方法として、苦情を出すのはほとんどが日本人で、団地自治会、団地管理人、住宅供給公社、地方公共団体へ苦情が寄せられ、修繕などは住宅供給公社、地方公共団体が対応し、住民間のトラブルは自治会が対応するという例が多く、外国人入居者の増加にともない、自治会はさまざまなトラブル対応や事柄に応じて複数の機関への問い合わせに追われているという（稲葉ほか 2008: 280）。

外国人住民が居住している団地の自治会による取り組みモデルとしては、①自治会執行部の並列体制型、②NPOによる自治会協力型、③自治会・行政・NPOによる三角体制型、④広域自治会と行政による支援型の4つに類型化されている（稲葉ほか 2008: 282）。とくに、NPOという中立的立場の第三者がいることで、日本人（入居者および行政）対外国人という対立関係にならずに話し合いを進めることが可能であるという（稲葉ほか 2008: 285）。

こうした問題へ対処するにあたり、地域のリーダー層が日本人住民をどのように理解させようとしたか「説得技法」の研究がある（松宮 2006）。「もともと日本人なのだから」と日系ブラジル人の文化的同質性を強調して、「非日系」ブラジル人住民の問題として批判をかわすロジック、外国籍住民の困窮を示し理解を求めるロジック、納税を理由にした人権への容認を促すロジック、「日本人」「外国人」という枠組みを外し、コミュニティ強化を目指し外国人住民を地域の成員として認めるロジック、などが挙げられている（松宮 2006: 53-53）。一方で、こうした対処法だけでは日本人が支援する側で外国人は支援される側、という関係性の固定化につながるおそれも指摘されている（松宮 2006: 55）。

さらには団地の規模も重要であり、少なくとも外国人入居率が1割未満の段階で、行政などの外部支援を含めた具体的な外国人住民受け入れへの取り組みに着手することが有効とされている。外国人住民が1割を超えると団地自治会だけで対応するのは困難となってしまうが、きちんと取り組み、外国人と日本人との関係性を築いていければ、外国人入居率が5割を超えても共生できている団地があることも確認されている（稲葉ほか 2008: 280）。ただし、事例を見る限り、共生が可能なのは、200〜300戸以下の小規模団地の場合であり、大規模団地の場合は、外国人入居率が3割を超えると、共生は困難になるともいわれている（稲葉ほか 2008: 280）。

ほかにも、愛知県では、県営住宅の自治会による連絡協議会が作られ、県の多文化共生推進室、愛知県国際交流協会なども参加し、外国籍住民が参画する地域コミュニティ形成のしくみと制度改変に県全体で取り組んだ事例もある（松宮 2020）。そこでは、外国籍住民の集住解消に向けた入居基準の見直しにより、入居世帯層のバランスを確保することなどが目指されている。日系南米人の間接雇用の労働面の課題が、住宅という生活環境に押しつけられ集住することによる地域社会の負担を回避しようとする動きといえる（松宮 2020: 22）。以上のように、公営住宅における外国人の入居問題は、住宅政策として対応するには限界があり、国や県が外国人受け入れ施策を真剣に検討しない限り、根本的な解決策を見出すことは難しいとの批判もある（稲葉ほか 2008: 286）。

なお、筆者による神奈川県県土整備局建築住宅部公共住宅課への問い合わせ[*1]では、外国籍世帯の集住解消のために、入居基準の見直しや、県営住宅自治会連絡協議会などの自治会の会議組織の立ち上げなどについては、とくに検討や対応はないという回答を得た。県営住宅の入居者指導などについては、県の公共住宅課の管轄ではなく、住宅営繕事務所入居管理課が担当し、言語や生活習慣が異なることでのトラブルについては、一義的には指定管理者[*2]であるマンション管理会社が対応し、解決しなかった場合、住宅営繕事務所入居管課で対応するという。やはり県が団地自治会と外国人住民との問題に直接関与することはなく、自治の名の下に自治会独自の対応が前提とされていることがわかる。

以上を本地域に参照すれば、外国人住民が団地に住み始めてから30年以上が経過しており、外国人住民受け入れに「個人的に」対応してきた自治会長たちの経験に留まらせず、日本人からの苦情やトラブルへの対処法、自治会への外国人住民の受け入れの論理やその理念について、自治会、団地、そして地域の「歴史」としてとらえることで評価や問い直しにつなげる必要があるのではないだろ

---

*1　2022年11月2日、神奈川県県土整備局建築住宅部公共住宅課への問い合わせ。

*2　指定管理者制度とは2003年6月の地方自治法改正により、市民サービスの向上と行政の経費の節減を図ることを目的に、公の施設の管理に民間の企業、財団法人、NPOなどに包括的に代行させることを可能とした制度である。

うか。以下では、X団地自治会による外国人住民とともに生活する取り組み事例や経験から、外国人が団地に入居し自治会活動に参加する意味についての解釈にもとづき、自治会における「多文化共生」を考察したい。

本節で用いるデータは、X団地のA市側、B市側それぞれの連合自治会長、および外国人住民との交流を長年行っているA市の単位自治会の会長も含めた3名に対して行った半構造化インタビュー*3データにもとづいている。会長自身の団地入居、自治会関与のきっかけ、外国人住民数の変遷・近年の変化、外国人住民との交流活動、他機関との連携、外国人住民との交流の課題などを中心に聞き取りを行った。インタビューは、自治会の集会所、団地内のコミュニティセンターで、それぞれ1～2時間程度実施した。実施時期はR2さんについては2013年、3名に対して2019年に実施した。事後の確認は書面や対面により行った。インタビューは許可を得てICレコーダーに録音し（録音がないものには、筆者のメモにもとづき）、テープ起こし原稿（トランスクリプト）を作成した。データの文字化にあたっては、信頼性を担保するため発話されたとおりに記述している。

表3-1は、X団地の自治会長3名による自治会と外国人住民の関係について整理したものである。

*3　「半構造化インタビュー」（semi structured interview）とは、質問事項を厳密に定めた構造化インタビュー（structured interview）とは異なり、調査主題に関わる質問の内容や順序を調査対象者との対応のなかで臨機応変に行うインタビュー手法のことである。

〔表3-1〕自治会と外国人住民の関係について

	A市側連合自治会長	A市側単位自治会長	B市側連合自治会長
仮名・基本的属性（聞き取り当時）	R1さん、70代、男性	R2さん、70代、男性	R3さん、80代、男性
聞き取り実施日[*4]	2019年9月8日	2013年11月11日、2019年7月13日	2019年2月15日、7月13日
自身の団地入居年	1973年	1974年	1973年
自身の自治会関与のきっかけ	同じ階の住民と自治会役員を交代した（2003年〜、会長は2014年〜）	前会長からの勧誘（会長は2006年〜）	団地のイベントへの参加（1991年〜、会長は2005年〜）
会長自身の外国人住民との交流	2000年頃〜	2000年頃〜	2005年頃〜
おもな活動	ゴミ分別説明会、防災訓練、無料法律相談、団地まつり、各自治会主催のイベント（例：バスツアー）	通訳、翻訳、バスツアー	スポーツ、イベント（各国料理、バスツアー、地引網）
他機関との連携	県、A市、A区地域振興課から多文化共生推進事業にかかる補助金が連合自治会へ	県住宅営繕事務所、A市、A区地域振興課、区政推進課、管理会社	県、B市、B市国際化協会、神奈川県社会福祉協議会、ロータリークラブ、管理会社
外国人住民との交流の課題	・区ー市ー県との連携 ・住民の高齢化 ・自治会活動の担い手不足	・入居時のルール説明 ・外国籍住民の入居基準（収入額）の見直し ・自治会活動の担い手不足 ・自治会活動や相談事業の拠点づくり	・行政からの予算補助 ・自治会活動の担い手不足 ・外国人住民はイベントには積極的に参加するが、防災訓練などには参加者が少ない ・根気強い説明が必要

*4　本節執筆にあたって、3名に対して2023年10月に書面および対面による確認を実施した。

2. 近所どうしの支え合いで進める「多文化共生」——A市側A連合自治会の事例

(1) 連合自治会長R1さん

A市側の連合自治会長のR1さんはB市で働いていたこともあり、1973年に団地に入居した。営業職で仕事も不規則だったため、自治会活動に対してはそれほど熱心ではなかったという。たまたま同じ階に住む人が担当できないからと頼まれ、自治会の事務局長をR1さんが交代してあげたことが自治会への関与のきっかけだった。まず自身が住んでいる自治会の会長を5年、その後8つの単位自治会を束ねる連合自治会長として5年間（聞き取り当時）関わっているという。自治会のなかで外国人住民との交流は2000年頃から始められたということであるが、サラリーマンとして忙しく働いていたことや、その間8年ほどは他地域で単身赴任をしていたR1さんは定年まで団地にいる時間があまりなかったため、外国人住民が増えたこともあまり意識していなかったという。

> 36 R1：（前略）まあ、90年代でしょうかね、（外国人が）入って来るようになったのかな、多くなったのは。まあ、それと、もともと中国の残留孤児の方々も受け入れというか、優先的に入れるような形になったんで、その後、どーんと増えてきて。その当時、まあ僕らは昼間はいませんのでね。

会長になってからは日本人住民と外国人住民間でのトラブルは「それほどない」と語り、それよりも「なんとか日本の自治会に関心を持ってもらう」ということに注力している様子が語られた。

> 44 R1：自分が会長とかをやるようになってからは、そんなにね、大きな問題っていうのは少なかった。逆に、そういう外国につながる人たちを、何とかこっちへ、向いてもらおうと。「＊：はい、はい］やっぱり日本の自治にちゃんと慣れてもらおうという、そういう取り組みは結構しましたよね。いまでもやってますけど、たとえば、そうですね、一番大事、大事というより生活に密着している、ゴ

ミ、A市はとくに［＊：そうですよね］ゴミの分別っていうのはね、いろいろ難しいところもありますので、そういうことを、市の資源循環局から来てもらってお話ししてもらったり、そういうことで集まってもらって、それが終わったら、ちょっと、まあ、食事をしながら、懇談するとか、やってきてますよね。
（中略）ですから、そういうことで、特別なトラブルとか、そういうのはね、あまり自分としては感じてはいない、感じちゃいけないんですね、自治会長は。まあね、問題は問題としてとらえながら、それは何とかしようということで動いてましたから。

他機関との連携としては、2000年頃より、Ａ市Ａ区地域振興課から多文化共生事業に対する補助金が連合自治会へ配分されており、自治会活動を行う上で非常に役立っているという。具体的な活動としては、日本語ボランティア、ゴミ分別説明会、防災訓練、無料法律相談、団地まつり、自治会ごとに計画したイベント（例：バスツアー）などである。当初は区役所が直接多文化共生事業を実施する形で進めていたこともあったが、うまく行かなかったため、結局は各自治会の運営に任されるようになったという。

74 R1：（前略）やっぱりそういう多文化共生っていうのは、まあ確かに行政でやるのがいいんでしょうけど、なかなか行政だけではちょっと難しいんじゃないか、やっぱり地域に密着した形で展開していくのがいいのかなというふうには、考えてはいるんですけどね。

連合自治会の課題としては、各自治会からは、県による新規外国人入居者に対する入居前の説明が少ないのではないかという不満が強く寄せられていることである。入居申し込みをする際に、団地のマナーやルールをきちんと外国語で伝えること、とくに多言語の通訳を配置するほか、前から入居している同じ国の出身者から話を聞くようになど、周知の徹底が求められているという。また、個人情報保護の観点から、入居者の状況は国籍を問わず氏名だけが自治会に知らされるだけであり、日本人入居者であっても障がいの程度や自立した生活ができるかどうかなどの基本的な情報の把握ができないということが前提として大きな問題となっていた。

> 183 R1：（前略）いま、いろいろな取り組みが始まっているんですけど、各自治会で、いわゆる防災台帳みたいなものをつくって、この人は、有事のときに自力で避難できるとか、できないとか。何歳ぐらいなのか、60をすぎているのか、80をすぎているのか、そういう情報とか、いざというときに、「身内の方と連絡できる連絡先を教えてください」とか、そういうことで各自治会は取り組みます。そういうことで、いわゆる「安否確認」みたいな部分と、周り近所で助けましょうということなので、そこの取り組みもだんだん始まってきているということですね。

防災の観点から、有事のときに自力で避難ができるのか身内の連絡先など安否確認のための情報共有が喫緊の課題となっている。これについては、A区だけではなく、かなり広い行政機関を巻き込んで連携を図っていかなければいけないという認識をR1さんは持っていた。とくに神奈川県との連携が難しいと考えているようで、県とのつながりやコミュニケーションを保つために何をすればよいかと苦心しているようだった。

> 141 R1：（前略）そういうことで、われわれも県に近づこうということで。区のアドバイスもあって、自分はいままでやってなかったんですけど、県の方を（団地の行事に）呼ぶというのはね。あと議員さんとか、あと周りの自治会の方とかが多かったので、それ以外にも、そういうつながりを持つべきところはつながりを持った方がいいのかなと思う。

さらに、日本人住民や連合自治会の役員の大半が70歳を超えているため、外国人住民のなかにも自治会運営の担い手を探さなければいけないという課題も抱えている。ただし、実際には輪番で各住居に毎年回ってくる当番（代議員）はできても、自治会長や副会長という三役として主体的に活動する段階にはまだないとの認識を

R1さんは持っていた。団地の自治を担える「若い」外国人住民が出てきたならサポートをしていきたいと考えるが、かれらはまだ若く仕事に忙しいこと、自治会に対する考え方の違いから、現段階では難しいのではないかという認識が示された。

> 93 R1：（前略）やっぱりこれから5年後、10年後になったら、それこそ自治を担っていく方がどうなっていくのかな、ということはありますね。やっぱりそこが一番大きいんだろうなと思うんですよね。
> （中略）本来はね、若い外国籍の方がやっていただけるのが一番いいんですけども、やはり、自治に対する考え方も違いますし、日本人のなかに入って、そういう外国籍の方がやっていくってのも、なかなか難しいのかなと、困難が多いのかなっていうことですね。われわれは来てほしいんだけど、まあ、来る側は「ちょっと」といって、やっぱりね、日本人のなかに入るのは、ということがやっぱりあるんだろうと思うんですよね。
> 　そのことで、各単位の自治会のなかでは輪番制の代議員がいますから、代議員のなかにはね、当然役員になる外国人の方もいらっしゃるから、そういう方が自治会の役員というかね。なかなか三役まではね、難しいとは思うんですけども、そのほかのいろいろな環境（部会）とか、防犯（部会）とか、防災（部会）とか、そういう部分についても、やっていただける人はどんどん増えてるとは思うんですけどね。

近くに家を購入するなどして団地を出ていく層について尋ねると、「いい車に乗っているのは外国人」などと、団地を出ていく外国人の生活を評価しながらも、「（制度的に）優遇されているのではないか」ととらえる語りもみられている。

> 91 R1：（前略）いまは逆にね、外国の人も結構お金をためているか何か知らないけれども、出て行く人も結構いますから。[＊：そうみたいですね] 多いですよね。で、近隣に住まわれていると。家を買って [＊：家を買って] だか

らすごいですよ。この辺でいい車に乗っているのは外国の人ばかりですよ。[＊：本当ですか]日本人はひっそり軽（自動車）とかにね、そういうのに乗ってますよ。実情はよくわかりませんけど。

（2）自治会長R2さん

つづいて、同じくA市側で、長年外国人住民との交流に力を入れている自治会の会長R2さんの事例も紹介しておきたい。

R2さんは、民生委員も兼任しながら単位自治会の会長を2006年から担当している。R2さんは会社を退職してから、団地内のコミュニティハウスの管理者や日本語教室のボランティアをしていたことから、連合自治会のなかでも外国人住民との交流に熱心で、上記の助成金を活用して外国人住民のためのバス旅行を実施していたこともある。R2さんの自治会では、2割が外国籍で、出身国は中国、ベトナム、カンボジア、ブラジルなどである。やはり日本人住民の高齢化が著しく、独居老人も少なくなく自治会による見回り活動などにも力を入れている。

この自治会では、多文化共生という理念よりもむしろ近所同士の支え合いを大切にしているという。2010年頃までは日本社会で自立するためには自分の集団から各国ごとに、エスニック・リーダーを育てたり、そこで母国の食文化、しつけ、ルールなどを教育すべきで、日本での生活ルールについてもそこで教え合ったりするべきとの考えが強かったそうだ。団地内のトラブルについても、従来は自治会の4役の役員が苦情・要望・作業等を解決や代議員を通して指示する方式を取っていた。また、外国人住民の日本語力を把握するため通訳同行で一軒ずつ回ったこともあったという。

しかし2010年頃からは、お互い1年間の任期であることを前提に、棟ごと、10軒ごと（同じ階）、5世帯ごとに意見を集約、各棟の代議員が自発的に動くようなしくみに変更したという。その背景にあったのは、エレベーターの維持費の値上がり、棟の草刈り代の捻出方法、配管がつまった時の修理費用の分担案など、これらの事案を各棟でどのように処理するか決めなければならなかったからだという。「外国人住民から自治会に来てくれるのを待つより、こちら（自治会側）から出て行く」という姿勢であるという。その結果、各棟の代議員が自発的に動くようになったという。

ほかにも、外国人側の理由として、日曜日は信仰する宗教の礼拝があったり、若い世代は仕事で手一杯であったりという状況もあり、かれらを自治会活動に向かわせるのは難しいという判断もあった。世代的にも、日本生まれ、日本育ちの二世、三世が中心になりつつあり、日本人と同様の価値観を持ち、ライフスタイルも日本人と変わりないと感じるようになっている。2000年代には各国ごとのエスニック・リーダーを育てるということも考えたが「失敗した」といい、特定の長老的な存在もおらず、宗教関係の集会で集会所の使用申請に来る人も毎回違い、だいたい示しはついていたものの、誰がリーダーなのは判然としなかったという。そのため、避難訓練、自治会の掃除、草取りなど、外国人と日本人が一緒になって自治会活動を進める方法が良いという考え方に変わったという。日本人住民には「もう年なんだから昔の考えを捨てなきゃ。もう一人では何も出来ない。彼らの力を借りなければならない」などと話すことがあるという。

R2さんとしては、外国人住民が会計や専門部会の部長といった日本語での事務作業が多い役職を担当するのは無理でも、会長、副会長、事務局補佐など、2名体制で担当してもらってもよいと考えていた。2019年からこの自治会では、外国人住民のための日帰りのバスツアーを行い、そのなかで自治会活動に関わってもらえそうな外国人を誘うことも計画していた（コロナ禍以降は実施できていない）。将来的には、現状の社会的弱者がどうしても集住しがちな入居資格を変更し、自治会活動に積極的な外国人を含む若者などには賃料を下げて優先的に入居させるなどのソーシャルミックスの必要性も明かされた。

さらに、この自治会では、地域内のボランティア団体とさまざまな活動を共同で行うことにより、高齢化が進む自治会で外国人住民が貢献していると考えられている。自治体（区役所）ー地域のボランティア、NPO団体ー自治会といった、この三者が緊急対応できる関係づくりを目指しているという。とくに団地内で活動するボランティア団体とは協力関係を結び、災害時での避難誘導や通常の相談（通訳、翻訳）などさまざまな活動を共同で行い、高齢化が進む自治会に貢献してもらっているという。R2さんによると、相互の団体が活動や話し合いを通じてメリットある関係作りをする、相互の団体が活動にともない弱点を補い向上する、相互の団体が協力関係を公にし、理解しあう、相互に金銭関係をなくす努力をするという点が重要であると述べられた。

3. 協力してくれる「若手」外国人住民とともに ——B市側B連合自治会の事例

聞き取り当時、R3会長は自治会運営に携わって25年以上、会長としては14年目であった。自治会による多文化共生活動の先駆けとして日本人と外国人の住民交流に尽力したことが評価され、総務大臣賞も受賞している。R3さんが隣のA市内から家族とともに完成したばかりの同団地に引っ越してきたのは1973年で、当時30歳で同市内の会社に通勤するサラリーマンだった。高度経済成長期で仕事は忙しかったが、知人の誘いで2年後に自治会事務局の仕事を手伝ったのが、自治会活動に携わるきっかけになったという。約1,400世帯が入居する団地には5つの自治会があり、1991年にそのうちの一つ、第3自治会長にR3さんは就任し、夏祭りなど地域行事を通じた住民交流や防犯、清掃などの自治会活動に奔走した。2005年にはB市側の連合自治会長に就任した。

1990年代初頭には外国人増加にともない、団地内のトラブルも相次いだという。持ち込まれる苦情で多いのはゴミ出しと騒音で、生活習慣や文化の違いはあったが、未分別だった日本人の悪い出し方に倣ったケースもあったという。しかし、それを見つけると外国人住民だと決めつける日本人住民が少なくなかったという。とくに、外国人住民は仕事で朝早く家を出るので間違えていると声をかけても「忙しい」などといって行ってしまう人がいることも、外国人住民がルールを守らないと誤解されやすい理由だと述べた。R3さんは、日本人側が正しいゴミ分別の仕方をしなければいけない必要性を感じたという。

> 78 R3：(中略) ゴミの問題は、反省したのは、日本人が、外国籍の人がみんな違反していると決めつけて苦情が来るから、「そうじゃないんだ」と思って、いろんな話を聞いたりするんだけど。あるとき、たまたま学校で、そういう問題を話したと思うんですけれども、子どもさんたちに。そのとき子どもが感じたと思うんだけど、家へ帰ってきてから、「お父さんお母さん、ゴミの出し方が違う」と。子ども

から聞いたというんですよ。

どうしてそうなったかというと、わからないから日本人が出しているのを見て、それが正しいんだと思って出していたら、間違ったことを覚えてしまったと。それも、日本人にもよくいって、日本人から直さなきゃ駄目だなということで。いまは、そんなに問題は大きくならなくなりましたけれども。

ゴミ以外にも、団地内の私物や共有物を勝手に自分のものとして持って行ってしまうなど、会長就任当初は日本の習慣では考えられない外国人住民の行動が多く見受けられたという。ことばの問題、習慣の違いがあることを前提に、わかってもらうまで「時間がかかる」と理解を示していた。説明板の設置など啓発活動を続けた結果、こうした問題はほとんど解消したという。ほかにも、トラブルを発端として各国の住民のリーダー役と交流を深めたエピソードが語られた。

93 ＊：それをいうときというのは、どういうふうに伝えるんですか。なんかほら、（外国人住民は）たくさんいるから、なかなか代表者というのもいないと思うんですけれども。
94 R3：代表者にいってもらったんですよ。［＊：代表者］ことばがわからなかったからね。
95 ＊：代表者というのは、何となくいるんですか、各国に。
96 R3：その当時は、ベトナムの代表者しかいなかったですね。たまたま、そういう問題を起こしたのはベトナムの人が多かったですね。騒音だとかいろいろな問題ね。ベトナムの人に注意してもらって、それで無事に解決したものもありました。

2006年には、ベトナム人青年のサッカーグループが練習に団地内にあるグラウンドを無断使用して問題になったが、R3さんは「ベトナム人と仲良くなるきっかけにしよう」と使用を許可した。国内のベトナム人によるサッカーの全国大会の会場としてそのグラウンドを提供したところ、団地のチームが優勝したという。チーム関係者から感謝された一方、お祝いの酒盛りを団地近くの水田で開いてしまったため、警察が駆け付ける事態にもなったという。それ以降はスポーツを通しての交流のほか、中国、ベトナム、ペルーの住民による自国料理や舞踊を披露するイベントを開催したりして、日本人住民の参加も増えて住民同士の交流がだいぶ広がったという。

団地内の交流は広がりつつあるが、いまだに団地を出た外国人住民への日本人からの先入観などは根強く残っていると指摘された。R3さん自身は、外国人住民から学ぼうとする姿勢が重要であり、日本人住民の偏見を諭すこともあるという発言がみられた。

116 R3：先入観というか、まだ（日本人が外国人住民に対して）難民という気持ちが捨てきれないんですよ。難民じゃないんだけど、難民という［＊：まあ、そうですよね］、そういうイメージが強い。「われわれより当然低い生活をしているんだな」と思っていたけど、とんでもないですよ。

もう裕福になってくると、この近所に家を買って建てたりとか、すごいでかい家に入っちゃったりして。呼ばれて行ったけど、「えっ、こんなすごい家買ったの」なんてね、日本人も「買えねえじゃん」という。そういう人もいるしね、ほんとに。まあ、そういう人が全部だとはいえないけど、こつこつやってね、ちゃんとお金ためている人もいるんだなと思ってね。

そういう人を日本人は、「宝くじでも当たったんじゃないか」とか、「悪いことをしたんじゃないか」とか、そういうことをいう人もいるんですよ。先入観で［＊：そうか、そうか］。「あの人に失礼だよ」と。それがちゃんとわかっているんだったらあれだけど、わかっていないのに想像でいうなんて、「とんでもないことだよ」と。

（家を買った人たちを）かえって褒めてあげるべき。物まねじゃないけど、自分もそういう生活態度をまねて。もちろん、向こうの人（外国人）は若いから［＊：まあね］だけど、こっちは高齢者だから、「働け」といってもないんだから、そういうことはできないけど。でも生活態度はすごい立派ですよ、そういう方を見るとね。

B市側の自治会ではA市側自治会のような行政からの多文化共生に関わる助成を受けていないため、R3さんはA市のような自治会への支援を「羨ましい」「恵まれている」と語っていた。A市の自治会からもイベントなどを一緒に開催しようと誘われることもあるが、B市からの補助金などを受けていないため予算が足りずに断ったこともあるという。かつて、市長と面会する機会があった際に市から自治会へ助成金などをもらえないかと提案したが、継続的な助成金などは受けることは叶わなかったため、市による自治会の多文化共生にかかる財政的な支援が必要であると考えていた。2008年頃から、自治会の予算のなかに設けられた「国際交流」という予算の5万円を何とか捻出してもらっており、それをやりくりして各種のイベントを行っているという。このほかイベントごとに、B市国際交流協会、神奈川県社会福祉協議会、ロータリークラブからの補助を受け活動資金としている。

現状の課題は、日本人の高齢化と多忙な外国人が参加しづらいなど、自治会運営の担い手不足であり、負担が大きい行事の見直しや、外国人住民の自治会役員への登用を模索している。外国人住民が参加できる行事を企画して住民に喜ばれるのがR3さんのやりがいだが、会長職が長いのは、後継者が見つからないという理由もあるという。また、R3さんが企画するスポーツ、料理、バスツアー、地引網など娯楽性が高い集まりには積極的に参加するが、防災訓練など、本来自治会として重視すべき行事への参加率が低い傾向がみられるため、根気強い説明が必要であることも強調された。

R3さんは、こうした団地の事情については、外国人住民がわかるまで話をしなくてはならず、これに関しては時間がかかることだという認識を持っていた。日本人住民たちからは、説明に行っても「私、日本語話せません」といわれて逃げられてしまい困ったと聞かされているが、「そのことばに騙されないで、日本語でも良いので理解するまでよく話した方が良い、諦めないことが大切だ」と伝えているという。断られても諦めずしつこいくらい話しかけることが大事だと根気強くコミュニケーションを図ることが強調されていた。

一方で、ここまで熱心に外国人住民への対応にあたっている

R3さんに対し、他の自治会の会長からは「日本人にもメリットのある企画やイベントを行ってほしい」という要望も出されているという。

106 R3：同じ（連合）自治会のなかで会長さんたちからは、「R3さんが外国籍に対する、一生懸命やっている気持ちはいいけれども、外国籍の住民にもメリットがあり、また日本人にもメリットがある、そういう同じように、同時のメリットの企画を立てて、イベントをね」（という声がある）。

なかなかうまくいかないんですよ。全員が同じ［＊：全員がね］というのはね。「いい」という人もいるし、「嫌だ」という人もいるから。でも、いまのところ、どっちかというと、私は外国籍の方に傾いちゃっているんだけど、イベントをやっても（外国人は）すぐ参加するから、うれしいんですよ。あと、日本人が「いい」という人もいるし、「ちょっともう少し考え直した方がいいよ」という人もいるし、「やめろ」という人もいるしね。

B連合自治会における外国人住民の自治会活動への参加や役員活動についても、より詳しく聞いた。まず、連合自治会と各自治会の組織構成について、棟長は、団地の各階ごとに順番で回ってきて2年任期で自治会費や連合で決めた月1回の掃除、代議員出席、10世帯へ代議員の内容報告などを担う。2015年頃までは日本語がわからないからできないといった相談もあったが、近年ではそのような相談はないという。自治会費は毎月400円（連合：200円、各自治会200円）で、共益費は1,200円（第4、中層、高層住宅）、1,000円（中層住宅）となっている。聞き取り当時、第5自治会の事務局長補佐にペルー出身の男性が就任していたが、第5自治会長の推薦を受け、快く引き受けたという[*5]。日本人住民の反応はさまざまであるというが、団地の自治会のメンバーのほとんどは80代の女性が多く、外国人住民で50〜60歳くらいだと「若手」という位置づけになり、

*5　事務局長補佐を務めたペルー人男性の自治会活動への参加理由についての考察は（中澤・坪谷 2020）に詳しい。

力仕事などでは頼りになるという。各自治会役員の8～9割は高齢の女性住民が担当していることも無関係ではないだろう。連合自治会の役員は選挙で選出するが、外国人住民の立候補者はいない。2016年の熊本地震が起きた際に、十数万円にものぼる募金を行い日本赤十字社に寄付したこともあり、カンボジア人はボランティア活動に熱心という印象を持っているという。

4. 自治会の経験から問う「多文化共生」

外国人住民へのとらえ方や多文化共生の論理の変化、各機関への連携などの対処法についての自治会長たちの語りを通して、自治会の経験から問う「多文化共生」について考察する。

聞き取りをした自治会長たちは、1970年初頭の団地完成とほぼ同時期に、家族で団地に入居し、当番が回ってきたことや、知人に誘われるなどして自治会活動に関わってきた。第1章でも触れたが、1996年に公営住宅法が改正されると、収入基準で標準世帯が入居しづらくなり、高額所得者は転居を求められ、高齢者、障がい者、母子家庭の入居が優先されるようになる。しかし、自治会長たちが入居した当時の1970年代の同団地は日本人がメインの「同質的」な社会で、1990年代から団地内に外国人住民が増えてきたのは「偶然」なことで、日本人住民たちは否応なしに多様性へと向き合うことになった。会長就任後に自治会長たちもいわば対症療法的に外国人住民へ対応してきた。交流や対話を通じて関わったり、理解を深めたりして自治会での外国人住民との交流に熱心に取り組むようなったという点も共通している。行政からの多文化共生の政策についての説明を受け認識を深めたり、メディアからの取材や表彰を受けるなど外部から注目される自治会の役員・会長としては、この団地の一般的な日本人住民とは異なる立場であったことは推測される。

R1さんは「トラブルと感じてはいけない」と自身の立場から律し、A市の重要な政策であるゴミ分別など、共同生活で求められるルールの理解を通じて何とか日本の自治会へ目を向けてもらいたいと語っていた。R2さんは、「来てくれるのを持つより、こちらから出ていく」というスタンスであった。なかでもR3さんは自治会活動への関与が一番長いこともあり、インタビューのなかでは若い日本人住民が多く、四季折々の行事を多数開催できていた頃の団地の記憶が語られた。外国人住民との交流イベントが「楽しい」というR3さんの姿勢は「多文化共生」という論理よりも、活気のあった頃の団地行事を企画する喜びの延長線上にあるのかもしれない。しかしこうした外国人住民のみのイベント企画は、日本人側からの理解を得ることが難しいことや、交流型の行事に比べ防災訓練などへの参加率は低いという課題は残されている。それでも、トラブルをむしろ「外国人と仲良くなる契機」としようとする姿勢の違いもみられた。

この団地には、インドシナ難民のほか、中国帰国者や日系南米人も多いが彼らに対して「日本人だから」というような特別なとらえ方は3名ともしておらず、多国籍であるからこそ、「日本人も外国人も平等に」や、「同じ住民」という論理が強く働いていると考えられる。しかし、A市の2人の会長は、母国の政治体制や出身地域の違いから、国籍ごとの窓口役やリーダーを選ぶ難しさが語られたが、R2会長はNPO団体との緊密な連携により外国人住民とのコミュニケーション自体は図られていた。一方、B市のR3会長は国籍ごとのリーダーが個人として想定されていた。他国籍の住民が暮らすX団地ならではのアプローチの違いの表れであろう。

とくにR2さんから指摘されたように、2010年頃になると外国人住民の二世や三世が増え、より日本人に近いライフスタイルの変化が現れたと自治会側が認識するようになり、このことは日本人と外国人とを区別する自治会の対応を見直すような方向性を変えるきっかけになっていた。2013年当時の聞き取りで、すでにR2さんからは「昔の考えを捨て、外国人住民の力を借りなければならない」などの発言がみられていた。これ以外にも、収入が増え団地を出ていく外国人のライフスタイルへの評価が3人からなされていた点は、先行研究（松宮 2006）の言説とは異なる論理が見受けられた。そこには日本人と外国人という違いより、勤勉に働き収入が増えた家族への評価であり、日本の高度経済成長期に会長たち自身も男性労働者として経験してきた容認しやすい論理なのかもしれない。

近年では、高齢化や社会的弱者の入居が増えた本団地は社会福祉の住宅としての機能を強めるなかで、外国人住民を自治会活動の「若手」の担い手として再評価するような論理が生まれていた。これについても、先行研究（松宮 2006）で指摘されていた日本人と外国人住民の関係性の固定化というより、外国人住民へのまなざしを変化させ、新たな役割期待を作り出していたことが特徴的である。ただし、それは日本語力が求められる事務的な役割ではなく、自治会のなかの力仕事を中心とした役割期待でもある。

団地で起こる課題に対しては、3名ともにさまざまな組織と連携しようと懸命に努力している様子が見て取れた。こうした状況において、県、市などからの支援については、とくに、R2さんは行政から調整や助言を、R3さんは財政的な支援について、十分とはいえない状況であるととらえられていた。3名に共通していたのは、神奈川県、A市の場合は区役所、B市の場合は市役所、指定管理者であるマンション管理会社、地域内のNPO団体など事柄に応じて、さまざまな機関への状況を訴えることの重要性を強調していた。とくに、行政との連携にあたっては、問題に応じて複数の担当部署が関わっており「縦割り行政」の煩雑さも対応の難しさとして挙げられていた。さらにR2さんからは、以前は県の保全協会事務所が団地内にあって気軽に相談できたが、2017年の指定管理者制度導入後は、マンション管理会社の所在地が遠くなってしまい、職員もそれほど多くないためすぐには要望を聞き入れてもらえないと、企業との関わりも容易ではないことが語られた。

以上を総括すると、本節の事例より、国の移民受け入れ政策の欠陥を発端として、地域社会への外国人住民の受け入れが個々の団地や自治会といった現場にしわ寄せが行き、結果としての「多文化共生」であることがわかった。国内でもかなり早い段階から自治会として外国人住民との交流に取り組んでいたものの、県内最大の大規模団地であること、加えて、日本ではあまりみられない多国籍の人たちが暮らすX団地における「多文化共生」の難しさを物語っている[*6]。さらには高齢者化の進行が著しいなかでは、3名のような経験や知識を生かして取り組める後継者がいるのかについては未知数である。

自治会という自治組織においては、当然のことながら自治会長ごとに外国人住民との関わり方が異なり属人的である点が特徴的で

---

*6　日本においては、欧米のような多国籍の住民が入居する「混住型」の団地は少なく、同一国籍または母国の地理的に近い地域の出身者が集住する傾向がある（王・藤井 2020: 960）。

ある。しかし、それらを規定する要因として、同じ県営団地内でも、本地域では2つの市が関わっていることもあり、その市の団地への対応の違いから生まれていることもあれば、以前から続く自治会ごとの文化もあるだろう。同じ団地での外国人住民との共存は日本人住民にとっては「偶然」なことであった。「個人的に」いわばアドホックな対応を余儀なくされてきた自治会組織と自治会長たちではあるが、こうした日本の自治会の経験から問う「多文化共生」にも光が当てられるべきである。そこから、30年以上にわたって外国人との共存を模索した日本人ならびに自治会の団地居住の経験と歴史の意義が明らかになるだろう。

第2節　団地における子育てと教育的ネットワークの役割

本節は、X団地における外国人家庭の子どもたちの、日本での進学や就職への展望や将来像について考察するものである。日本の教育システムや子どもの教育についての情報不足の問題に加え、外国人の保護者は長時間労働に従事する傾向が高く、子どもの教育への関与に消極的にならざるをえない。団地の住みやすさや団地に住み続ける理由に教育が挙げられていることは第2章で述べたが、外国人住民側からの日本の学校教育への評価の高さがあるとはいうものの、それらが移民の第二世代の教育達成につながるのだろうか。X団地における子育てや教育の状況そしてサポートネットワークのあり方を明らかにする。

1. 移民の第二世代の教育

「分節化された同化理論」(Portes and Rumbaut 2001=2014) によると、移民の第二世代の教育達成において参照される枠組みとして親やエスニック・コミュニティが重要であると指摘される。これには、積極的な効果と消極的な効果両方をともなうことがいわれており、たとえば日本においては団地居住は大学進学を抑制するという研究結果もある(額賀 2021: 640)。ただし、日本における本理論の適用については親の階層性の影響が少ないことやエスニック・コミュニティが未発達であることを理由に、留保が必要との指摘もある(樋口・稲葉 2018; 是川 2019)。とはいうものの、本地域については、集住地といえるため、ある程度アメリカの文脈を適用することも可能なのではないだろうか。一般的に移民が多く住む地域の学校は「教育困難校」（志水・清水 2001）などと称されていたが、S.ウォルマンの「編成的資源」の要因（志水・清水 2001: 187）にもとづき、インドシナ三国の難民家族の資源システムの差異と「教育戦略」が働くことで、子どもたちの学校適応に差があることが指摘されている。ベトナムの親は教育的資源が豊かである一方で、ラオス母国の学歴はカンボジアより高いが学校適応に困難をともなっている。カンボジア家族の情報（ネットワーク）・アイデンティティ資源は日本での文化適応を助けることなどが明らかにされている。

一方、親の階層性など人的資本が日本での学校経験に影響を与えることについては、日本の文脈においてすでに大正時代から発展しており「教育する家族」（広田 1999）という一つの理想像があるが、その「教育する家族」になりきれない移民家族が問題を抱えるともいわれている（清水 2021: 45）。日本における移民家庭の「成功」パターンとしては、日本と母国の2つの国の文化をつなぎ合わせながら、戦略的に育児を行って、それが「日本の」高学歴獲得に結びつくという（清水 2021: 51）。

そこで本節では、X地域における子育て・教育経験を外国人の親たちがどのようにとらえているかを踏まえつつ、「教育する家族」になり得ているのか、そうでなければ必要な外国人家族へのサポートを地域社会でいかに行うかについて考えてみたい。筆者が研究代表をつとめた調査プロジェクトによる『神奈川県における外国人住民のライフストーリー研究論文集』[*7]の21名のライフストーリー論文より、本団地において子育て経験を持つ10名（2名は夫婦）の事例を抽出し分析を試みる。調査項目は巻末の「インタビュー調査プログラム」を参照していただきたい。

---

*7　この論集は「神奈川県X団地における多文化共生に関する調査研究会」メンバーにより、2018年12月〜2019年4月に行われた団地周辺に居住する外国人住民に対するインタビュー調査にもとづきまとめたものである。調査協力者は、AGさんとAHさんは本研究のアンケート調査の回答者でありインタビューに協力してくださると回答したため連絡を取った。それ以外の8名はX団地自治会長からの紹介である（坪谷・伊吹・中澤編著 2020）。

2. 団地における子育て経験への意味づけ

ここからは、X地域の子どもたちの教育状況や、高校進学とその後の進路の見通しについて迫ってみたい。団地における子育て経験や問題ととらえている教育についての課題を中心に、年齢、階層(母国／日本での学歴および就労経験)、日本語力別に見ていく。対象者の年齢は一番若くて42歳、一番高齢が64歳で、全体として来日歴もかなり長く、AHさん1名を除いて団地居住歴がほとんど10年以上と、日本滞在歴と団地居住歴がいずれも長期にわたっている集団であるといえる。団地での子育ての経験を持つ人たちが団地で子どもを育てること、また団地内の学校に子どもが通学することについての語りを抜き出して分析対象とした。表3-2はインタビュー対象者の基本的属性を年齢が高い順に並べたものである。

〔表3-2〕団地居住の子育て経験についてのインタビュー対象者

（年齢・年数は聞き取り当時）

仮名	性別	年齢	出身国	来日年数、経緯、団地居住年数	日本での学歴・職業（母国での学歴、職業）	日本語力	同居家族
BQさん	女	64	ブラジル	日系二世として来日17年、団地居住10年	掃除・介護非正規労働→けがで4年間失業（高校中退→衣料販売会社）	◎	夫、長女通信制高校中退→宅配便会社就職
BOさん	男	63	ラオス	難民として来日38年 団地居住35年	母国からの観光ガイド・通訳（専門学校卒→測量技師）	◎	妻、長女35歳、次女幼稚園教諭、長男会社員、副工場長、三女23歳
BLさん, BMさん 夫妻	男 女	57 54	ペルー	日系三世として夫来日27年、妻24年、団地居住19年	夫：介護施設（大卒→自動車修理工場エンジニア） 妻：介護施設	×	長女22歳（大学進学のため浪人中）、長男20歳（専門学校卒）
AGさん	男	54	ベトナム	難民として来日36年 団地居住27年	板金工 （高校中退、漁師）	○	妻、長男27歳、大卒→就職→団地出る）、次男24歳大学生
BFさん	女	46	カンボジア	難民二世の配偶者として来日22年、団地居住20年	野菜加工工場（タイ難民キャンプで小中高、就労経験なし）	△ （読み書き×）	離婚、長女19歳高卒後アルバイト、長男17歳高校生
BRさん	女	44	ペルー	日系三世として来日28年、団地居住10年 両親、弟夫婦もX団地居住	定時制高校卒→工場など非正規労働→失業中 （高卒、就労経験なし）	○	離婚、長女10代、県立高校→通信制高校中退→アルバイト
BSさん	女	44	ボリビア人	来日26年、団地居住18年 夫はBRさんの実弟	クーラー部品工場で検査作業 （高卒→商店勤務）	×	夫、息子2人、長男18歳高卒→社会人、駐車場管理会社、次男小学5年生
BPさん	男	43	スリランカ	私費留学生として来日18年、団地居住10年	専門学校卒→フォークリフト操作、中古車輸出会社経営 （高卒）	○	妻、長女高校生、次女中学生
AHさん	男	42	東南アジア （註）	日本人とつながりのある妻とともに来日13年、団地居住7〜8年	母国からの観光客アテンド（専門学校卒→資材製造、店手伝い、観光業）	○	妻、子ども2人（小学生、幼稚園生）

註：協力者の希望により出身国は記載していない。

（1）団地での子どもの教育

ラオス出身のBOさんには4人の子どもがおり、全員が団地の小中学校を卒業しているため、団地での子育てを振り返ってもらう形で教育について尋ねた。長女（看護師）、次女（幼稚園教諭）、長男

（会社員、副工場長）、三女（美容師の勉強中）で、全員地元の中学から県立高校に進学し卒業している。団地の小中学校に通い、いじめも受けなかったと団地での子育てを振り返っていた。とくに県内の他地域に住むラオス人の子どもがいじめを受けたことと比べて、団地内の小中学校ではいじめがなかったことを評価していた。さらに教員や担任も熱心でたびたび助けられたことや、長男が定時制高校を卒業したことで、通訳をしているBOさんよりも日本語能力が高くなり、勤務先の副工場長にもなったことにも「やっぱり高校は違うね」と満足していた（坪谷 2020b: 133）。

東南アジア出身のAHさんは10名のなかでは42歳と一番年齢が若く、聞き取り当時子どもは幼稚園生と小学生と、子育ての最中であったが、子どもたちには高校や大学まで日本で進学して欲しいという希望を持っていた。その背景には子どもが通っている団地内の小学校の担任との関係が良好であったことが理由として考えられる。たとえば、PTAの役員を日本語の問題から免除してもらったり、外国ルーツを持つ子どもたちへのいじめの問題を心配したAHさんの相談に乗ってもらったりするなどして、団地内の学校と信頼関係を構築できた様子が語られている。

> 614 ＊：学校、お子さんが学校にいらっしゃると、父母会、PTA？とかも［AH：笑い］あるかなと思うんですけど。
> （中略）
> 619 AH：それは、できないんですよね。先生、担任の先生も相談もやったんですけど、相談して、結局、「いいですよ」って。
> 620 ＊：やらなくて？
> 621 AH：そう、やらなくていいですよって。（後略）
> 622 ＊：担任の先生とは結構よく連絡、［AH：相談。相談とか。］されて。
> 623 AH：優しいよね。先生たちが。相談したら。あと、ほらね、最近、今はやってるじゃないですか、いじめ（?）ね。自分もそういうのが怖いんで。で、なるべく、先生たちに相談、相談。
>
> （伊吹 2020a: 53）

また、カンボジア出身の女性のBFさんからも、幼少期にたびたび体調を崩していた長女が団地内の病院で診察を受けた際に、医師や看護師からゆっくりとしたやさしい日本語で話してもらったことが助かったと語っている[*8]。

> 153 BF：（前略）あの、S病院も、よく外国人、いっぱい、日本語分からないから、やさしい（日本語で）教えてもらって、看護婦さんでも、ゆっくりとか、教えてもらって。
>
> （田中 2020a: 95）

ただしこのBFさんの経験は、同国人出身者や親族が多く親族ネットワークが強いことで生活上の支援が十分と考えられている団地においても意外と支援が得られない場合がある例ともいえる（田中 2020a: 93）。彼女の元配偶者は難民の1.5世で日本語に不自由していなかったが、あまり育児への関与はなかったようで、加えて、この元夫の親戚にも頼ることができず、BFさんはほとんど子育てを一人で行わなければならなかったという。

そのうえ、長男が成長すると反抗期がひどく、そのときも元配偶者と悩みを共有することなどもできず、相談相手もいなかったという。だが、学校に派遣されているカンボジア語通訳者は、秘密を外で漏らしたりするようなことのない人で信頼もできたため、安心して悩みを打ち明けていたのだという。子どもの通う学校の面談などの機会に出会う通訳といった同胞の相談員や支援員のような立場の人との出会が重要であることがわかる。

> 415 通訳：何か、小学校で、カンボジア語通訳がいて、結構信頼ができる人だったから、その教育に、子育てに関して相談したりして、で、日本はカンボジアのようにうまくいかないから、もう何か、そういうふうにほっとくのもい

---

*8　BFさんは地域のボランティアで運営される日本語の教室にはずっと通っておらず、日本語を勉強する機会はなかったというが、子育てで日本語を使わざるを得ない場面に何度も直面し、それが日本語修得のプロセスになったことが考えられる（田中 2020a: 93）。

いんじゃない？って、あんまり押しつけとか、厳しい躾はやめて、日本風、日本の、日本風の育て方がいいんじゃない？って。

（田中 2020a: 96-97）

以上、とくに日本語が不自由な段階には団地での子育てはさまざまな支援を受けられ、外国人住民が日本社会の主流に参入するための「人生の基盤づくり」の役目（高橋 2020: 50）を果たしているといえよう。だが、子育ての女性負担は必ずしも団地住まいの同国人ネットワークや拡大家族のなかで軽減される方向に働かないのかもしれず、団地居住外国人の社会関係資本のジェンダーによる非対称性についてはさらなる考察が必要である。こうしたなかで、母国と日本の子育てについての文化を理解しサポートできるような支援者の存在が不可欠であることも示唆される。

（2）中学卒業後の進路と経済的要因

小学生と幼稚園児の父親であるAHさんは、今後も日本に滞在し続けるという意思を持ち、子どもたちも日本で成長することを望み、高校や大学まで日本で進学してほしいという明確な期待を持っていた。

528 AH：（子どもには学校に）行ってもらいたい。日本で。まぁ、経験がまだないですけど、中学校だとどんな様子か。中学と高校ね。

（中略）

531 ＊：高校生まで日本で学校行って、その後は。

532 AH：その後は、大学、行かせたいですね。（笑い）＊さんの親も同じ。

（伊吹 2000a: 53）

一方、2人の息子がすでに大学進学を果たしたベトナム人男性のAGさんは、インタビューのやり取りで日本語にはそれほど問題がなかったが、2人の息子が進学した学校名や私立か国公立かなどについて「あんまり分かんないや」と答えていた。AGさん本人は難民として来日しており、母国では高校中退と十分な教育を受けられなかった。年齢の上のきょうだいが下のきょうだいの進学先などの情報を集めるという母国のベトナムに準拠した行為ともいえ、ベトナムの「教育する家族」の形とも考えられる。

> 106 AG：八王子。東京の八王子、一番上は専門の大学。
> 107 ＊：専門の大学？大学名分かりますか？
> 108 AG：うーん、分かんないですね。
> 109 ＊：じゃあ2番目の子どもが通ってる大学は？
> 110 AG：東京の…名前はあんまり分かんないや。《V》
> 111 通訳：高校は私立でしたけど、大学は国立かもしれませんね。
> 112 ＊：ふーん…そういう日本の進学に関する情報はどのようにして集めましたか？《V》
> 113 通訳：お兄さんのほうから。
> 114 ＊：子どもから。実際にAGさんが集めるのは大変ですかね、情報？《V》
> 115 通訳：ベトナム人は一番上の子に任せるっていう習慣がありまして、そうですね、小さい子も進学する際には上の子の情報をとって、集めて。
>
> （中澤 2020a: 41）

推薦入試や総合型入試制度による入学機会の広がりによって、日本での大学・短大・専門学校への進学はかなり拡大しているといわれてはいるものの下位の高校からは推薦入学がメインの進学方法ともいわれている（樋口・稲葉 2018）。しかし、それ以前に希望する高校への進学や高校進学を果たしたとしても勉学が続けられなかったり、それ以降の進学を見据えるには難しい状況に置かれていたりすることもわかった。

とりわけ、今回聞き取りをした南米系の家庭では、高校進学とその後の子どもたちの問題が顕在化していた。いじめや進路変更などでの転校・中退、経済的な理由から高校卒業後の進学が叶わなかった例や望みどおりの進学先に行けなかった例が深刻な問題として立ち現れていた。たとえば、日系ペルー人女性のBRさんのように、BRさん自身も日本の定時制高校を卒業し日本語力もあり、長女も勉強には問題がなかったが、銀行から教育ローンの貸付を受けて県立高校に進学した1年後には通信制高校に転校し、その後中退してしまった。BRさんの子どもが通った中学校は団地の中学校で外国につながる子どもも多かったが、高校進学に関しての情報が十分ではなかったというような振り返りがなされていた。

111 ＊：今、お子さんが仕事してない、中退したっていうことで、お子さんの進学に関する情報が、なかなか、学校の先生から教えてもらったりしましたか？
112 BR：うーん、本当は、あのう、やっぱり…教えてもらってなかったと思う。なんでかって言うたら…えーとね、娘というと、（高校）1年生の時に、私は本当は娘は私立行きたかったの。

（中澤 2020d: 155）

日系ブラジル人の女性BQさんの長女は中学時代いじめのない学校を選びたいということで、A市の高校を受験したが合格できず、A市の通信制の高校に進学しその後中退してしまった。このことをBQさんは、公立高校の学習環境が悪いことが原因と考え、経済的な理由から私立高校に進学させなかったことを後悔している。

115 ＊：そういう通信制の学校があるっていう情報は、誰から？子どもが自分で集めたんですか？
116 BQ：いや、先生のほうから指示がきて受けました。
117 ＊：BM中学校ではいろんな外国籍の子どもがいるでしょう？［BQ：はい、います。］情報とか集めたことはありますか、進学の？
118 BQ：えーとね。通信制って、いじめられた子がいるからってあっちに行かなくて、A市選んで、A市。でもね、今考えたら、お金払ってでも勉強させておけば良かったなって、思う。
119 ＊：私立ってことですか？
120 BQ：そう。

（中澤 2020c: 149）

この2人に共通しているのが、高校の学習環境があまり良くないことを公立学校であることを理由にしている語りである。「私立（高校）の方が良かった」「無理をしてでも私立に進学させておけば」というような私立志向は、母国である南米の教育状況に影響を受けたものと推測される[*9]。高校卒業後の進路についても、保護者の経済状況の「格差」が影を落としているといわれている。大学・専門学校への進学を強く希望する生徒・保護者も確実に存在する一方で、経済的な理由で就職を選択せざるを得ない生徒も多数存在する。

日系ボリビア人の女性BSさんの長男は高校卒業後、経済的な理由を説明して大学進学をあきらめてもらったという。聞き取り当時、長男はA市の駐車場管理会社に就職したばかりだった。

> 171 ＊：息子さん、大学行かなかったんですか？どうして？
>
> 172 BS：うーん…一番はお金の問題。あとは、最初からは、行きたいって言われたけど、だんだんお金の関係見たから、「大変だね」って言われて。あのう、「やっぱりママ苦しくなるから、もう、もし私、途中で切っちゃうとか辞めたら、大変になる。払って戻れないから。ママ大変になるからって」。今考えてね、1年ぐらいで仕事やって、もしも何か欲しい、たとえば勉強をやりたい、「何かやりたい時は、お金少し集めて、それからは勉強続けて」って言われた、私ね。（後略）
>
> （中澤 2020e: 164）

ペルーで大学を卒業しているBLさんは、夫婦で介護職に従事しており、さらに妻は掛け持ちで2つの仕事をし、長男と長女のために「一番は学問に」という望みを託し節約に励んでいた。聞き取り当時、BLさんの長女は希望の大学に進学するために浪人中であ

---

*9　南米社会は階層化が顕著であり、公立学校で学ぶというのは中間層以下の家庭環境の子どもと一緒に学ぶことを意味する。一般的に私立学校のほうが施設、教師、学生すべてが公立以上の環境にあることのほうが多い（Dabène et Louault 2013=2019: 114）。

った。BLさん夫婦は今後も団地に住み続けるという意思を明らかにしており、その一番の理由は子どもたちの教育資金を貯めることを最優先する生活を続けていくためだという（BNは、BL・BM夫妻の長女で、インタビューの通訳をした）。

417 ＊：これからもずっとX団地に住みたいですか？家を買ったりとか、そういう…。
418 BN：《これからもここに住みたいですか？》
419 BM：《私たちは子どもに教育を与えることが一番で、家を買ったり車を買ったりするのではなく、彼らの将来のことだけを考えています。》
420 BN：そうですね、新しい家に住みたいとかそういうのは全然なくて、むしろ、自分たちは、そのう、娘や息子に一番は学問に、［＊：教育ですね。］はい、しっかり教育を受けてほしいっていうので、全部、ここに投資しますと。だから新しい家とか、車とか全然買いませんでした。

（中澤 2020b: 128）

BQさん自身はブラジルで日系人の多いコミュニティで育ったため、日本語能力が非常に高かったが、来日後は掃除や介護などの非正規労働が続き、聞き取り当時足のけがのせいで4年間失業中であった。長女が通信制高校を中退し、アルバイトから大手の宅配便会社に最近就職したが、その地位は正社員なのかどうかと長女の将来を心配していた。その懸念は、自身が日本で受けた職場での差別体験から来るものだった。

101 ＊：（長女の）やってる仕事に関しては満足っていうか…。
102 BQ：あのね、差別が多い。子どもにしろ。子どももね、社員にしてくれるってなんとか、固定にはしてくれたんだけど。社員にしてくれるとかなんとか。話に惑わされるみたいね。
103 ＊：でも、R社だったら…。
104 BQ：固定にはなってる。でも、なんか差別があるんじゃないかなって私は思う。

（中澤 2020c: 146）

（3）母語・母文化の継承

つづいて、子どもへの母語や母文化の継承について、外国人の親たちがどのようにとらえているのかについて見てみよう。図3-1は、本研究のアンケート調査の回答者たちの子ども（第1子〜第3子）の母語と日本語の能力に対する評価であるが、日本語能力への高い評価に比べるとかなり低いことがわかる。とくに「読む」「書く」でその傾向が高まっている。また、第2章第2節では、団地内での学校教育に対しては高い満足度が示されていたが、自分の子どもの母語に対しては非常に厳しい評価をしていることがわかる。

今回の対象者のなかでも、日本での子どもの進学や就職に満足していたAGさんとBOさんでも、母語の能力に対する評価は高いとはいえなかった。

194 AG：ベトナム語。
195 ＊：お子さんはどうですか？
196 AG：ベトナム語だけど、たまに意味分かんない。それで日本語で、分かんないときに日本語で。
197 ＊：お子さんのベトナム語はどうやって覚えたんですか？AGさんが教えたんですか？
198 AG：うちで、お母ちゃん（妻）が。
199 ＊：学校に行きましたか？特別な学校
200 AG：学校、こっちない、日本はない。

（中澤 2000a: 41）

AHさんは子どもたちの日本語が上手になって、自分の母語を忘れてしまうことを「寂しい」ととらえており、妻と子どもだけを母国に一時的に帰国させたのも母語を修得してもらいたいという目的であったことが語られた。

464 AH：今はまだ、ことばですよね。こっちで、こっちの気分だとね、自分の（母語の言語）とかが忘れちゃう。ちょっと悲しいなるんですよ、自分。だから、ここにいると、向こうの言葉（＝EA国の言語）しゃべれなくなっちゃ

〔図3-1〕日本語と母語能力の評価（第1子～第3子、N=45）

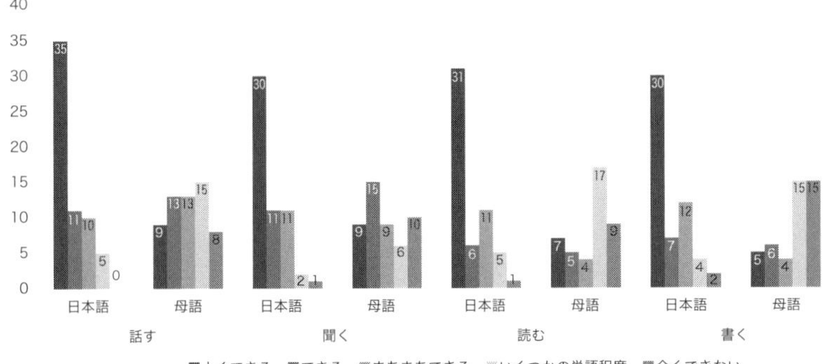

う。

（中略）

473 ＊：そうすると、お家のなかではEA国の言葉で話して。

474 AH：EA国、そう。

475 ＊：学校で、日本語でお勉強してるっていう感じ。

476 AH：そうそう。はい。

477 ＊：どんどん、じゃあ、日本語の方が上手になってきちゃいますよね。

478 AH：EA国、自分の言葉が忘れちゃうと、寂しい。なんていうんですか、しゃべるくらいで。

（伊吹 2000a: 51）

一方、スリランカ出身のBPさんは子どもたちの日本語力も問題ないととらえており、母語であるシンハラ語の修得よりも、英語教育に重きを置いていた。日本の学校での英語教育を物足りないと感じており家のなかでも教えているといい、母国のスリランカの言語状況を反映したものであろう。

この2名は、団地の中の外国人のなかでも少数の出身国であり、さらに母語や母文化の維持が難しい事例であると考えられる。

233 ＊：あの、なんかスリランカのことばを教えたいとか、そういう思いはないですか。

234 BP：でもスリランカ、ほんとは学校も。

235 ＊：はい。

236 BP：あの、会社の中でも、英語で。この紙も全部英語になってるんですよ。

237 ＊：ああ、はい。

238 BP：スリランカ語（シンハラ語）があるんだけど全部は、あの、仕事するとき英語がないと無理、仕事は。

（田中 2000b: 139）

上述のカンボジアのBFさんは熱心に子どもたちにカンボジア語を学ばせようとしたり、夏休みなどにカンボジアに一緒に帰国したりしたものの、ことごとく拒絶されいずれもうまくいかなかった経験を持っていた。しかし、団地の外でのカンボジア人との出会いにより、長女の反応が意外な形で変化を見せたことも語られた。

393 通訳：あの、日本で技能実習生で来てる、あの、親戚がいて、3年間の技能実習期間が終わって、で、日本でちょっと観光したいっていうことで、自分の家に泊めて、で、娘に、あの、「彼は日本語あんまりできないよ」って言ったら、一生懸命、カンボジア語であいさつしたり、なんか、会話をしてくれました、娘は。最近の話。

425 通訳：なんか、今、コンビニで娘さんはアルバイトしてて、あの、なんか2人組のカンボジアの人が来て、カンボジア語しゃべってて、で、カンボジア語聞こえて、で、「あ、カンボジア語だ」って気付いて、で、お会計のあとに、「オークン」って、「ありがとう」って言ったら、向こうもびっくりして、「え、カンボジア語話せるの？」とか、なんか、顔が日本人っぽいから向こうが驚いちゃって、で、それで、なんか……（中略）うれしそうに家帰ってきて、あの、そのことを話してくれたって。

（田中 2020a: 98-99）

学校での多文化共生の取り組みが盛んなX団地であっても、家庭における母語・母文化の継承は難しいことがわかる。とくに、日本生まれ日本育ちの二世たちが増えている現在においては、母語や母文化に触れる機会自体が著しく減少している。かつて筆者はインドシナの言語は日本では希少言語で団地内でしかニーズがなく、本地域外から支援が望めないため、地域内で育てていく必要性があることを指摘した（坪谷 2007: 56）。しかし、BFさんの事例からは、2019年の入管法の改正によって、ベトナムやカンボジアからのメインの来日ルートとなる技能実習生や留学生の増加などが、日本社会における母語への価値づけの変容を促し、母語や母文化の維持・継承に影響を及ぼすことを示唆している。団地でメインのエスニック・集団以外の同国人出身との出会いや関わりを持つことによって、自己認識を新たにしたり深めたりすることの可能性もある。

3. 日本型「教育する家族」への課題

AHさんとBPさんの子どもたちは、まだ幼稚園から高校生であるため進学の問題そのものが顕在化していなかった。BPさんは子どもたちの英語力の向上について重きをおいており、弟がオーストラリアに住んでいるということも関係して、英語圏への留学などより海外志向を持っていた。こうした海外志向は、BPさん自身が留学生として来日した経験を持つこととも無関係ではないだろう。また、BLさん一家の長女は日本の大学進学のために聞き取り当時浪人中であったが、経済的な問題も抱えていたことから、奨学金制度が整っているアメリカやカナダの大学への進学も視野に入れていた。この2名以外の子どもたちは全体としては日本で進学したか、日本での進学を希望していた。

ベトナムのAGさんとラオスのBOさんの家庭では日本での進学就職などは順調であると語られ、それほど問題とはなっていなかった。その一方で、インタビュー対象者の南米の日系人の親たちは、母国や日本での学歴が比較的高く就労経験が長いものの、子どもたちの高校進学や高校卒業後の進路の問題を抱えている家庭が多いことがわかった。第2章第1節で述べたが、南米出身者では、近所や職場の日本人との交流が少なく、近所に同国人も多くは住んでいないことなども関係あるのかもしれない。AGさんやBOさんのように、進学にかかる経済的負担はあっても、子どもたちの進学や就職などでは比較的「順調だった」ととらえている親になり切れていない。

たしかに、本地域での子育てを通して、日本における初期的な基盤を整えることは可能となっている（高橋 2021: 50）。また、住宅にかかる費用を節約した分、子どもたちの学費を捻出するということも可能である。しかし、外国人が集住しているこの地域においても、母語・母文化の継承は難しく各家庭にゆだねられており、その達成度や満足度は当事者の親たちからの評価は低いレベルにとどまっており、清水らがいうような二国間の長所を生かし教育をするという段階にはないことがわかる。

筆者は以前、団地内には高校はないため高校進学後に初めてX地区の外の学校へ通いだすと、外国人との交流の少ない日本人生徒から差別を受ける事例を報告した（坪谷 2007: 47）。ほとんどが日本生まれ日本育ちの二世以降となっていても、団地を出るということは、多文化な状況があたりまえの地域で守られているという感覚を得られなくなってしまうという状況がまだ続いているということだろうか。高校進学を機に団地を出た第二世代の子どもたちへの差別や排除の再生産の可能性は、収入が低いだけでなく、子どもが団地の外へ出て進学したり就職したりする困難さも意味しており、松宮（2018: 26）のいう「団地住まいというハウジングトラップにからめとられる外国人住民」の含意がさらに複雑になっていることが示唆される。とはいうものの、BFさんの子どもの事例のように個人レベルでは団地の外で違うカテゴリーの同国人との出会いにより相対的に自身のルーツや母語をとらえる契機となる可能性も一方では明らかになった。

外国人生徒の高校進学後の日本語・教科指導や適応指導のほか、保護者への支援もまだ十分ではなく、かれ彼女らが勉学に専念できる環境や進路の選択肢の拡大という意味では、未整備な点が多い。AGさんの子どもたちのように年上のきょうだいから進学についての情報を得る母国での子育てに準拠した考え方からは、「日本の」「教育する家族」をそのまま適用することについて再考すべきである。小中学校では外国人保護者へのサポートも広がってきてはいるが、義務教育でないということで高校進学者を持つ外国人家庭では「自助努力」が求められており、学校段階が上がるにつれて、親が子の教育に関与することの難しさが浮き彫りになった。教師と保護者の意思疎通など外国人家庭に対する幅広いサポートが必要である。これらの条件が整ってこそ、子どもたちが勉学や進路選択に集中できるような環境づくりにつながるだろう。

4. コミュニティの活性化とエンパワーメント ――外国人家族へのサポートの視点から

ここからは、地域社会における外国人の子どもや保護者を含めた外国人家族へのサポート・ネットワークのありかたについて考えてみたい。

(1) 「多文化共生」の拠点としての学校

第1章でも述べたが、本地域の学校では外国につながる子どもへの教育もかなり早い段階から取り組んできた。国際教室への教員の「加配」制度（当時の文部省）が開始された1992年には、A市側のAE1小学校にも国際教室が開設された。1998年には、A市域内の小学校3校と中学校1校の4校連絡会が発足し、文部科学省研究指定人権教育総合推進地域事業にも指定されたことにより、学校が「多文化共生」の拠点化し、AE小学校を中心に「多文化共生教育」が注目を浴びるようになった（山脇・A市立AE1小学校編 2005）。各校の国際教室を中心とした日本語教育、多文化理解活動、外国人保護者のPTAへの参加、地域内のボランティアの積極的活用が特徴といえる。

2000年代には、地域内の教育機関やボランティア団体が独自に、対応や支援活動を行ってきていたが、それぞれが連携できていないために、外国人の子どもや家庭にとっての十分な支援体制が確立されていないという課題も抱えていた。2002年からはA市A区役所内の区政推進課が中心となり、区の業務の一環である地域づくりやまちづくりという視点を持った「多文化共生」に取り組み始めた。これ以降、区役所内においても各部署間の相互の連絡不足も少しずつ解消し、窓口業務などの対応も変わってきたという。

学区内の児童数の減少を受け、2014年度からは小学校2校が統合された後のAE2小学校は、外国につながる児童数は約50%程度で推移している（宮澤 2019: 69）。上記の連絡会も4校から3校連絡会と名称変更したが、統合後も、連合自治会、ボランティア団体、大学など地域の各機関と積極的に連携を進めている（宮澤 2019: 86-88）。

外国人児童・生徒が多く通う地域内の学校での就学経験が日本人児童・生徒へ与える影響はどのようなものなのであろうか。聞き取り当時、20年近く地域内の複数の小学校で国際教室の担当をしてきたT1教諭からは、この地域の小学校の日本人卒業生と同窓会などで久しぶりに会うと、多国籍な学校で学べたことを振り返り積極的に評価する声が多いといい、ネガティブな発言をする者にはあまり会ったことはないという。T1さんは、卒業生の個人のSNSを含めてコメント欄を読んでも積極的な評価をする者が多いという。また、この地域の学校での多文化共生教育の取り組みはたびたびメディアでも取り上げられており、テレビ番組が動画サイトに上がってることも少なくないが、その動画のコメント欄にも卒業生と思われる好意的なコメントをよく見かけるという。ただ、同じ地域内でも2014年に団地のなかにある小学校と団地の外にある小学校が統合した際には「なぜ外国人の子どものために、勝手に学校や対応を変えるのか」という声は保護者も子どもからも聞かれたといい、教育の力で時間をかけて変えていくべきだとT1さんは考えていた[*10]。

> 340T1：卒業生たちも、そういう学校というか、そういう地域を出た子たちが多かったので。「なんで俺らの学校に外国の子が多くなってきて、勝手に変えて」みたいなところはありましたね。なので、そういうところは、教育の力で、時間をかけて変えていかなきゃいけないとは思っています。

> 350T1:（自身の若い頃は異なる背景の人を認めようとしなかった）そういうことを考えると、私自身が一番変わりました（笑）。

X地区の学校で外国につながる子どもたちと共に学んだ日本人の子どもたちが、学校経験をどう生かしてこれからの日本社会を変えるかにも注目したい。T1さんのように、この地域の学校での指導経験が多文化共生教育に理解のある教員を育てることにもつながる

*10　2022年3月1日、T1教諭へのインタビューにもとづく。

ことが期待できる。外国人の子どもの受け入れのノウハウは、数年ごとの配置転換により経験や知識の蓄積が途絶えてしまうのではなく、教員個人のレベルにとどまらず教員研修などで組織的に広く共有されなければならない。

(2) ボランティア依存型支援の課題

同地域で「多文化共生」の取り組みがここまで発展した背景には、個々のボランティア団体や学校などのキーパーソンが、インドシナ難民受け入れを契機として1980年代とかなり早期より行政を動かす形で「多文化共生」の素地を作り上げていったことはたしかである（坪谷 2005）。上記の小中学校のほか、高校や大学進学を目指す外国人生徒にとっては、団地内で活動する支援団体やボランティアによる地域の学習支援教室の存在が大きかった。

たとえば、1986年にはインドシナ難民定住センターを出所した人たちのアフターケアのボランティア団体として設立したN1協会が挙げられる。この団体は、2001年よりNPO法人として、インドシナ難民定住者ばかりでなく、その他の難民や外国人住民への支援を行い、X地区を活動拠点の一つとして長年活動を継続している。

また、1994年からX団地内で日本語教室と学習支援をメインにスタートしたN2団体もある。おもにA市の小中学校や団地自治会との連携に力を入れて、入学前のプレスクールや放課後学習教室、高齢化する外国人を対象にした支援など、地域内の幅広い年齢層に向けた支援活動を展開している。

もう一つの団体は、2001年より、おもにB市を中心に団地育ちの外国にルーツを持つ若い世代が日本人支援者の力を借りながら、「当事者」団体を設立している。2016年にはNPO法人格を取得し、学習支援、母語教室を通して、あくまで当事者の若者の自主性を重視している点が特徴的である。また、教育社会学者が活動メンバーとして立ち上げ当初から関わっていたことから、著書ではそのプロセスも明らかにされており、アクションリサーチの観点からも興味深い（清水・「すたんどばいみー」2013）。

団地内の外国人住民のエスニック・ネットワークは強固であるといわれるものの、そのなかのリーダーの不在などでは課題を抱えている。中国であれば広い国土ゆえに言語や文化の違いから、またベトナム、カンボジア、ラオスの3国は内戦の歴史を持つがゆえに、同じ出身国の内部でも、まとまって行動することが難しいという。来日後に職場などで日本人に差別された経験から、日本人と交流をすること自体に抵抗を持つ者も少なくないという。たとえば、グループのリーダー的な存在の者が日本人との仲介者のような役割をしようとすると、「なぜ日本人を助けるのか」と同国人からの非難を受けることも少なくないという。これらの要因が、親族どうしの相互扶助関係を越えた同国人や外国人どうしのつながりには発展しにくく、集住はしているもののお互いの関係が希薄な理由となっている。

このように、自治会、学校、ボランティア団体による取り組みも重要だが、外国人コミュニティの活性化も求められている。助成金などの外部資金の導入についてほとんどのコミュニティにおいて想定されておらず、就労支援、職業訓練、防災や高齢問題に関する情報提供、外国人支援団体どうしの横の連携やネットワークはなかなか実現するのが難しいようだ。

上述のN2団体では、2010年頃の数年間、外国につながる若者たちによる団地内で課題となっている防災分野における活動に取り組んでいた*[11]。支援者と受益者という関係より、同世代の若者どうしといった関係性を大切にしながら、地域の防災活動への関与、多言語防災資料の作成、多言語での防災指導、災害現場での多言語広報、自治会から依頼を受けて防災訓練に参加したほか、定期的に防犯パトロールなども行っていた。団地内での硫化水素発生事故現場では、消防署と連携し外国籍住民の避難誘導も行った。2011年の東日本大震災では、多言語での安否確認や避難誘導を行ったほか、避難場所となった団地内のコミュニティハウスでの対応にもあたった。外国籍住民だけでなく高層階に住む日本人住民の車いすの運搬も行ったことから、住民や自治会から感謝をされたという。

本活動の継続的な課題としては、「みんなでおもしろいことをやろう」「仲間たちと一緒に何かをやる」「何かを作り上げる楽しさ」がないと長続きしないということである。外国につながる若者も仕事や学業で忙しく活動が続けられないといった事情や、協力を仰げる行政の担当者の異動などもあり継続が難しく、近年こうした

---

*11　2013年11月14日、N2代表へのインタビューにもとづく。

活動もできなくなっているという[*12]。日本人住民の高齢化が非常に深刻で、団地の住民だけの協力では限界があると感じられており、団地から出て行った若者も呼び戻すきっかけが必要であると考えられる。たとえば、この団地の「多文化」な状況に魅力を感じやってくる人（大学生など）の力も大事だということである。また、コミュニティ内のある一点に集中すると、負担が集中してしまい、リーダー候補の人も折れてしまうおそれがあるとN2団体の代表者からは指摘された。さらに、自治会（日本人社会）ー外国人コミュニティの間で、きちんと責任を持って動ける人や組織がつなぐことが必要であることも確認された。

5. 郊外団地におけるサポートネットワークと支援者

これらの議論を総合すると、以下の命題が浮かび上がってくる。外国人が集住しているからといって、エスニック・コミュニティが機能するわけではない。とくに、この地域の同国人のために働くという将来像は当事者の若者たちにとって自然に受け入れられるものではない。外国につながる若者も進学や就職で団地を出て、ボランティアとして関わり続けることにも限界があるだろう。もちろん当事者によるNPOやボランティア組織の活動も重要だが、X地域のような集住地域では、専門性を持ったいわば「グローカル人材」育成も急務の課題となるだろう。通訳や言語指導員といった重要な仕事が、現状ではボランティアの域を出ず、今後もその地位が固定化される危険性も指摘することができる。団地および外国人への支援の仕事が「職業として、雇用として成り立つ」のかという切実な問題が突きつけられており、地域の外国人への支援をボランティア・ワークに依存することの限界も認識しなければならない。

団地内でもソーシャルワークのコミュニティ・ワーク的な相談員、支援者が必要と考えられる。コミュニティ・ソーシャルワーカー（CSW）は、援護を必要とする高齢者や障がい者、子育て中の親などに対して、見守りや課題の発見、相談援助、必要なサービスや専門機関へのつなぎをするなど、要援護者の課題を解決するための支援をするが、今後は多文化の知識などを持ったコミュニティ・ソーシャ

*12　2021年11月24日、N2代表へのインタビューにもとづく。

ルワーカーが求められるだろう。

外国人児童生徒が多く在籍する自治体では、公立学校に通う子どもたちに対して、日本語指導を担う外部の支援者を雇用している。具体的には、授業でのティームティーチング、国際学級での指導の補助、母語を用いた日本語の指導、通訳、翻訳、保護者との連絡やサポートと、多岐にわたる。しかし、現状では義務教育が外国籍の子どもに対して適用されないことから、職務について国や自治体による規定などはなく、職種内容もまちまちで、嘱託や非常勤職員などの非正規雇用にとどまっている。近年、外国人住民に対する「多文化ソーシャルワーカー」の必要性が論じられているが、なかでも外国人の子どもと日本の学校をめぐる児童福祉分野に介入する「多文化スクール・ソーシャルワーカー」が求められている（石河2012）。

なお、本地域においては、多文化共生活動に多くの研究者が関わっているという点でも特徴的である。日本語教育、多文化教育、移民研究、都市計画などの分野から、著書や研究論文も多く発表されている。長年多文化共生に関わるキーパーソンたちから経験や話を聞けるというのは、団地の資源といえこの団地の「魅力」となっており、周辺にある大学の学生など著者も含めて外部の人たちを惹きつけてきた要因も忘れてはならない*13。もちろん研究倫理の観点からは団地に住んでいる人たちの暮らしや子どもの学びが守られなければならないが、高齢化は進んでいても、これらの要因が地域外からのボランティアを引き寄せ、この地域の社会関係資本を高めてきたという見方もできるかもしれない。

コミュニティ内のロールモデルの重要性からは、日本社会や団地内で生きていくモデルが「重要な他者」となるだろう。コミュニ

---

*13　20年間にわたって筆者はX地域の小中学校や学習支援教室へ大学生をボランティアとして紹介している。日本語や勉強を教える経験のみならず、外国につながる子どもたちや多文化共生に関わる人々との出会いは社会学の教育という観点からも貴重な場であると考えている。その際に、ゼミでの研究や卒業論文執筆のための調査への協力、社会活動への関与など、協働関係を構築できるカウンターパートとして大学生の学びへの理解も求められる（坪谷2021）。

ティ内の相談員、支援者、コミュニティ通訳（伊吹 2016）など、外国人住民に寄り添い同じ体験をしている人間であり、相談員的な立場の人材である「当事者支援者」（伊吹 2019）が求められている。

本節で扱ったX地区では、外国人集住地域に特殊な問題も多いが、地域的なサポートネットワークについては先駆的な取り組みが豊富であることもたしかである。高校進学や高校卒業後の進学を目指す若者たちの将来がより確かなものにならなければ、後に続く子どもたちにとっても目標やモデルを定めにくく、これは急務の課題として取り組まなければいけない問題となるだろう。外国人生徒とその家庭のサポートにつながるような有機的な地域内のネットワーク確立が求められている。地域の福祉力や教育力を高めるセーフティネットの体制づくりのためには、行政や関係機関などに働きかけるようなアクターが不可欠である。さらには、行政、学校、自治会、エスニック・コミュニティといった横の連携やネットワーク化を促す中間支援組織も求められるだろう。

第４章
団地に住み続ける外国人住民
―ライフストーリー分析から―

外国人住民がなぜX団地を選ぶのか、住み続けることを選ぶのかなどについての詳細はまだ明らかになっているとはいい難い。そこで本章では、来日の経緯、日本での生活、地域生活、子どもの教育、今後の居住予定などの項目に分け、直接会って時間をかけて話を聞いたインタビューデータにもとづき考察を進めていく。ここで紹介する3名の外国人住民の歩んだ人生は実に多様であり、「分厚い」ライフストーリー[*1]が描き出されている。

本章では、日本における外国人住民の社会統合について、とりわけ労働以外の「編入」に着目して、神奈川県のX団地に住む外国人住民のライフストーリー分析にもとづき論じるものである。本節では50〜60歳台の外国人住民にとっての団地に住み続ける意味を明らかにすることを目的とした。年齢が高くなれば就労や子育てが一段落し、就労以外の編入の規定要因が表れてくることは当然であろう。また、そうした傾向は日本人のそれと近づくだろうが、本章では外国人住民特有の定住意識の変化や要因を解明する。

以下で用いるデータは、神奈川県営X団地に居住する外国人3名へのインタビューにもとづくライフストーリーである。AEさんとAJさんは本調査に先立つアンケート調査の回答者であり、インタビュー調査に協力しても良いと答えてくれたため連絡を取った。BOさんはX団地自治会長からの紹介である。3名の選定理由は、50〜60歳台で、団地に比較的長年住んでいるということである。質問事項は来日の経緯、日本での生活、地域生活、子どもの教育、今後の居住予定などの項目について、1〜2時間程度尋ねた半構造化インタビューを行った。インタビューは、団地付近のコミュニティセンター（AEさん）、自宅（AJさん）、自治会の集会所（BOさん）で日本語（AJさんについてはカンボジア語の通訳同席のもとカンボジア語）を用いて、それぞれ約2時間行った。実施時期は2018年12月〜2019年4月であ

*1　社会学の分析手法において、「ライフヒストリー」と「ライフストーリー」とは区別され、ライフヒストリーは個人の生活史の再構成を目的とするのに対し、ライフストーリーは語りそのものに関心を持ち、語る行為と語られた物語、語りの生み出される状況や文脈などを分析対象とする。また、語りは調査対象者と聞き手との相互行為のなかで共同生成するものと考えられている（やまだ 2005: 196）。

る。インタビューは許可を得てICレコーダーに録音し、テープ起こし原稿（トランスクリプト）を作成した。データの文字化にあたっては、信頼性を担保するため発話されたとおりに記述している。

ライフストーリー分析の手法としては、「対話的構築主義（Dialogical Constructionism）」アプローチ（桜井 2002: 28）にもとづき、インタビューにおける相互行為である対話を含めた過程において、語りの生み出される状況や文脈など、対象者によって意味づけられた「物語（ストーリー）」と語りの形式を関連づけて解釈するアプローチを採用している。トランスクリプトから、団地に住み続ける理由を抽出し解釈を行った。

第1節　AEさんのライフストーリー

本節は、神奈川県のX団地に居住する中国人男性AEさんへのインタビューにもとづいたライフストーリーである。AEさんは2003年に来日し、団地には9年間住んでおり、調査実施当時の年齢は60歳台である。聞き取り内容は、来日の経緯、中国と日本での就労経験、日本の地域社会との関係や子どもの教育などを中心にまとめた[*2]。インタビューは、神奈川県B市内のコミュニティセンターで日本語を用いて約2時間行った[*3]。

1. AEさんのライフストーリー

（1）来日経緯

AEさんは、内モンゴル東部の地域で生まれ育ち、彼が18歳のときに父親が死去したことから、父と同じ工場で働いていた[*4]。中

*2　本節で引用するデータは、すべてこのインタビューにおいて聞き取られたものである。

*3　インタビュー実施日は、2018年12月10日である。

*4　工場での父の仕事を引き継ぐことになり、AEさんは文革時代に青年期を過ごしていたが、農村への「下放」（文革期、思想改造のため知識青年を地方の農村に送り農作業に従事させること）の経験はない。

国は文化大革命の時代だったため、当時の若者たちの大学進学もままならず、ようやく1977年全国で大学入試が再開されたのちにAEさんも大学に進学した。工場の上司を説得し続け、5年目に1980年に内モンゴルの大学を受験することが許され、大学に入学することができた。1972年の日中国交正常化の流れもあり、内モンゴルの大学には日本語教師が多く派遣されていたことから、AEさんは日本語を専攻することになった。1984年に大学を卒業後も、国家により就職先を決められ、半年間中学校で日本語を教えなければならなかった。AEさんから語られたのは、当時の中国における進学や就職、転職などの不自由さだった。

22 AE：仕事をしてから5年目。［＊：ああ、5年目］そうですね。はい。私、学校、中学校を出たとき、中国はまだ大学には、まだ入学できなかった時代です。
23 ＊：文化大革命の時代で。
24 AE：そうですね。その後で、1977年に初めて入学試験が回復して。
25 ＊：そうですよね。
26 AE：でもそのときが、仕事してるので、仕事の勤め先の納得がないと試験を受けることができないんで。［＊：ああ、そういう自由もなかった］4年目、ようやく納得してくれました。［＊：ああ、そうでしたか。］難しいです、昔は。
27 ＊：いまみたいに、何か自由に。
28 AE：いまは自由ですね、いまは、年は何歳でもできるみたいですね。昔はちょっと。学校も少なかったし、そのときは試験を受けても、だいたい3.5％ぐらいしか入学できなかったんです。

1985年、高校の教師にはなりたくなかったAEさんは、内モンゴルの貿易庁に転職をした。文革後の当時は大卒者や外国語ができる人材がほとんどいなかったため、幹部として採用され日本に輸出する原蕎麦の種を扱う仕事を任された。その後の中国は改革開放期に入ったこともあり、AEさんの仕事も順調で1989年には日本にも出張で来た経験もある。また、副業のビジネスなどでも収入を得て中国で2軒の住宅を買うなど、裕福な生活を送っていた。

AEさんの1人目の妻は、大学の同級生である。彼女は、旧満州にあった士官学校の日本人の元教師たちによる訪中団の通訳者として同行したこともあった。妻の父は、満州の士官学校の軍校生だったことから、当時の軍学校の教官に手続きを手伝ってもらい、まず妻が1993年に日本に留学した。中国での安定した仕事もあったことからAEさんと妻は10年ほど日本と中国とで離れて暮らしていたが、最終的には離婚することとなった。1人目の妻との間には長男と長女がおり、聞き取り当時長女は日本で家庭を持ち、長男は中国で働いていた。

AEさんは体調を崩し入院したことから、家族との暮らしを求めるようになった。そのため、日本に留学予定であった2番目の妻と共に2003年に来日し、大学院のある九州で暮らすこととなった。AEさんは日本での生活費のために、中国の二軒の家と株式を売って、四千万円ほどを工面したという。しかし、来日したばかりで仕事がなかった彼は、外国為替証拠金取引（FX）で失敗し、工場で働いたこともあった。来日して4年目には都内の私立大学で中国語教師の職を得たが、これだけでは収入が少ないため、聞き取り当時は大学で教えるほかに東京を中心に個人レッスンの中国語教師としても働いている。

（2）X団地での生活

2人目の妻が留学していたのが九州だったため、AEさんも一緒に住むようになった。長女が大学に入学したことにより、AEさんは長女と一緒に町田市や相模原市に住むようになった。X団地入居のきっかけは、収入が低くても入居できることを友人から紹介されたことである。2009年に入居することになったという。

AEさんは団地の掃除や草むしりなど基本的な自治会活動には参加しているというが、受け持つ中国語のクラスの関係などで忙しさが変動するため、団地のなかでの交流自体はあまり多くはない。同じ階の日本人とは一緒に掃除したりするが、その他は挨拶をかわす程度であるという。その理由として、近隣住民のなかに同年代の男性が少ないことを挙げた。また、団地の中の中国人住民は、「工場かアルバイトか、みんな忙しいみたいですね。冗談を話すような全然、その余裕がないという。すぐ何か話し掛けて、あいさつぐらいで、すぐにどこかへ行っちゃう」(260) といい、皆仕事が忙しそうでやはり交流が少ないという。

257 ＊：近所の日本人の人との何か付き合いとかはありますか。
258 AE：同じ階の人とは付き合っていますけれども、それほど頻繁ではないです。ただ、あのう、何か掃除などのことがあれば一緒に。会ったらあいさつなどをしますけれども、なじんでいる人とは話をしますが、あまりなじんでいない人は。とくに私が住んでいるところは、そうですね、女性が多くて、男性がなぜかちょっと少ない感覚で、私の周りで、だからちょっと交流が少ない。少ないというか、やっぱり、私はよく、たぶん日本人の場合、お互いに何か、あまり聞かないですね、家族のことなどについて。たぶんそのせいかな。あまり話は少ないです。

AEさん自身はX団地での生活は、住みやすいと思っている。しかし長女は、大学を卒業するまではAEさんと一緒に団地に住んでいたものの、団地の古い外観が恥ずかしいと感じており、結婚して子ども (AEさんの孫) が生まれた後もあまり連れて来ることはなく、AEさんが長女の家を訪ねることのほうが多いという。AEさんも、いずれ団地から出ていくつもりであるという。

268 AE：住みやすいですけれども、ただ問題が。やっぱり子どもが、こちらにしばらく住んで、やっぱり少し子どもの場合、ううん、何というか、住みたくないんです。娘の場合、若いですから、はい、一緒に住みたくない。あまり。やっぱり中国人はたぶんそうですね、ちょっと見た目がいい建物のなかに住みたいから。
269 ＊：ちょっと古くなってるしね。
270 AE：はい、古くなって、ちょっと貧乏な感覚で。だから、子どもと仲は結構いいですけれども、娘は1回ぐらい、出てから来たことがあります。だから一緒に。ちょっと遠いから、いまは、あのう、一緒に食事などは、やっぱり東京の方に私が行くんです。

271 ＊：ああ、娘さんの方に行って、娘さんが来るっていうのは、あんまり［AE：少ない］少ない。実際に娘さんは住んでた、一緒に住んでた頃もあったんですね。
272 AE　しばらく住んでも［＊：嫌になって］卒業して、すぐに出ていきました［＊：すぐ出て行った］はい。やっぱり友達などを連れて来られないし、心理的な部分。私はここへ来て、結構、私の感覚では住みやすいですけれども。［＊：そうか］はい。やはりいつの間にか、たぶんここから出るかもしれない。［＊：そうですか。］やっぱりちょっと。こういうことも考えなくちゃ。子どもが、とくに孫ができて、こちらに来られないんです。
273 ＊：おじいちゃんのお家に来られないという。
274 AE：私の心理、感じもよくないです。
（中略）
276 AE：もともと中国にいたときは立派な家でしたので。
277 ＊：何か2軒持っていたんですか、昔は。
278 AE：そうです。売りまして、こちらに来たんです。だから全然［＊：それと比べるとね］その格差がちょっと大き過ぎる。そうです。

日本語も堪能で、日常生活では「困ったことはない」(323) というAEさんだが、団地でのゴミの出し方や分別の仕方については、自治会の人から監視されているようで毎日の苦痛だと語った。団地内でゴミの分別を厳しくチェックする人がいるらしく、インタビュー実施当時、もうすぐ来日する予定の中国人の妻が対応できるか心配していた。日本語が堪能なAEさんにとって、ゴミ分別で理由もわからず拒否される場面は、「よそ者」扱いされたと感じる部分であるようだ。

327 AE：団地の、ある、普遍的ではないですけれども、ある人が、わからないですけれども、やっぱり、ゴミを出すときに、ちょっと何か、あのう、監視してるみたいで。
（中略）
331 AE：そうですね。あります。そんなに多くはないですが、確かにあります。ちょっとそのときだけが、とくに妻がいわれるんです。妻の方は中国にいるので、こちらに来て［＊：わからないですもんね］わからないですね。だから、何回も、持って行ったのに、また［＊：戻されてたり］持って帰りました。なぜか「だめ」といわれて。確かに。はい。あります。

（中略）

334 AE：とくに、妻が来てから、そういうちょっと。［＊：ああ、慣れないことで］私はまあ大丈夫ですけれども、［＊：生活でね］はい。妻の方から、顔がそんなになじみがないですから。（中略）ただ、「だめ、だめ」といわれて、ちょっと。

（中略）

340 AE：ああ、そう。確かに悪い人、ルールどおりにやらない人が結構あります。わかります。わかるけれども、ちゃんと出す人にも、ちょっと、ずっと監視しているみたいで、ちょっと気持ち的には［＊：嫌ですよね］はい。ちょっと立って。それは気持ち的にはちょっと。ううん。私は大丈夫ですけれども、妻の方が。

（3）熱心に取り組んでいる活動

一方でAEさんはB市のボランティア活動として、B市の国際交流協会を通して学校通訳に登録したり、「外国人サミット」に中国人代表としても参加したりしており、行政を通じた地域活動にはかなり積極的な姿勢を見せていた。

323 AE：いまの段階で困っていることは、私にとっては、あまりないんですね。あんまりない。こちらのB市の場合、結構外国人の割合が多いためか、役所の方が結構大事に、私は何回も参加しました、「外国人サミット」。いろいろな国の人を集めて、私は中国人の代表。中国人が多いから、3、4人ぐらいの中国人と、フィリピン、マレーシア［＊：ベトナム］ベトナム、［＊：カンボジア］カンボジアなどが参加します。市長が参加して、結構、外国人に対して結構いろいろなことを考えてくれました。

このほかにも、AEさんは同国人の集まりにも頻繁に参加している。中国のメッセージアプリであるWeChat上の複数グループに参加している。東京のグループではAEさんがリーダーをつとめており、月一回程度の頻度で、十数人ときには数十人規模の集まりを主催しているという。そのグループは中国人からの人気が高く、横浜や東京都内からの参加者が多いという。メンバーのなかには中国語を勉強中の日本人も参加しているという。

(4) 日本での子どもの教育

AEさんには1人目の妻との間に2人の子どもがおり、長女・長男ともにそれぞれが中学生のときに来日した。結婚し、子（AEさんの孫）がいる。二人ともすでに30歳を超えている。なお、AEさんは長女の大学入学を機にこの団地に引っ越してきたため、団地での子育て経験というよりも、日本における子どもの教育全般について過去を振り返る形で語ってもらった。中国語の保持のために2人の子の来日時期は13歳以降と決めて、日本へ呼び寄せたことが語られた。長男は来日当初いじめを受けたこともあり、日本の学校に適応するには苦労をした様子も述べられた。

しかし、2人の子どもたちは日本語修得も学業成績の面でも優れており、高校進学でもとくに問題はなかったという。とくに長女は作文コンクールでも受賞するなど、中国と比べ日本では宿題の量も少ないために、自分の好きなことを時間をかけて取り組めるようになったことが「良かった」と、日本の教育について評価していた。

> 163 AE：うん。だからやっぱり日本に来て、日本の、その雰囲気が、子どもの成長、子どものいろいろな発想にいいかもしれない。中国にいるときは普通の子で、小学校のときは、とても下手の小学校ですよ。自分のクラスのなかで歌が2番目。そんなに、はい。
> 164 ＊：歌もそんなでもなかった、中国では。
> 165 AE：でも日本に来て一生懸命励んだ。
> （中略）
> 171 AE：やっぱり中国から日本に来て、たぶん、そんなに宿題などがなくて、自分の好きなものを集中的にやるこ

とができるから。

長女・長男ともに高校進学を果たし、それぞれに関心がある分野で活動を徐々に行うようになったという。長女は高校在学中にNHKの「のど自慢」で優勝し、歌手として日本で芸能活動を行っていたこともあった。芸能活動はあまり長くは続かなかったが、日本の東京の私立大学へ進学し中国語学科で学んだ。また、ファッションに興味を持った長男は、世界的なファストファッションチェーンの大阪の店長を任され、そこでの実力を認められ中国の支店へ派遣され働くようになったという。子どもたちの関心があることを伸ばせる日本の環境は、かれらにポジティブな影響を与えたとAEさんは評価している。

(5) 今後の展望

来日してから15年が経過したAEさんだが、これからも日本に住んでいきたいと考えている。もともと「病院で処方される薬は効かない」(380) などと、どちらかというと漢方医学への信頼度が高く、インターネットで漢方医療を独学で学ぶなど、健康への関心がきわめて高い。日本の空気はきれいで、故郷の内モンゴルと比べ乾燥していないため、体調の面からも日本のほうが「体に合っている」「薬が全然要らない」(310) ほどだと語った。

AEさんによると、60歳から中国の年金を受給することができているという。中国元で支給される年金をATMから日本円で引き出すこともでき、日本で「普通の生活ができるぐらい」(310) の程度の収入も得られている。また、中国の年金水準も物価に応じて毎年上がっており、中国元と日本円の為替差益が生じれば、さらに多く受給できる将来的な見込みも語っていた。

AEさんはすでに「永住者」の在留資格を持っていることから、日本国籍の取得などは考えていないという(長女は日本国籍に帰化、長男は「永住者」)。インタビュー当時AEさんは、4回目の結婚や妻が来日することを楽しみにしていたが、もし妻が日本に適応できないようなら中国に戻って一緒に暮らす可能性もあることを示唆していた。

233 AE：(妻は) 中国にいて、こちらに来たいんですけれども、日本語が全然できなくて、いまは、どうしよう、どうしようも（なく）、いまは。

（中略）

239 AE：うん。彼女はそうですね。やっぱり日本が好きで、何回も、去年5、6回、今年は3回ぐらいは来て、それから中国に戻って、また来る。このように生活してる。

2. 考察

AEさんは中国の大学では日本語を専攻していたこともあり、日本語が堪能である。日本での生活も中国語教師をメインとして、充実している印象を受けた。中国では国営企業の幹部としての仕事のほか、不動産投資や副業による収入を得るなど、改革開放の時代の波に乗り裕福な暮らしを享受していた。家族や病気などを理由に来日した後は、中国語教師という新たな仕事、中国人とのネットワークや再婚など、日本でも新たに人生を充実させている様子が窺えた。近所の人との交流では、団地の同じ階に住む日本人とは一緒に掃除するが、その他は挨拶をかわす程度でとくに同年代の男性が少ないと語っていた。団地の中の中国人とも、仕事が忙しく交流も少ないという。一方で、国際交流協会でのボランティアやSNSなどを通じた交友関係の幅広さといった、居住地だけにとどまらないネットワークを築くことができている点は特徴的である。

生活費としては中国の年金を日本で受け取ることもできており、日本で「普通の暮らし」は送れるという。再婚などの要因次第では、再び中国で暮らす可能性も残しているAEさんは、日中を「天秤にかけた」生き方を表しているようだ。ただし、日本語が堪能で「困ったことはない」と話すAEさんにとって、ゴミの分別というごく日常的な場面において理由もわからず拒否されることは、自分が「よそ者」扱いされたと強く感じる部分となっている。

来日の経緯、中国と日本での就労経験、日本の地域社会との関係や子どもの教育などから、中国人男性AEさんのライフストーリーに迫った。日本が好きだという妻を日本に呼び寄せ、中国の年金を受け取りながら日本での生活を充実させるなど、AEさんのライフストーリーは、外国人住民の多様な生き方を表すものである。

第2節　BOさんのライフストーリー

本節は、神奈川県のX団地に居住するラオス人男性BOさんへのインタビューにもとづいたライフストーリーである。BOさんは1981年に難民として来日し団地には35年間住んでおり、調査実施当時の年齢は60歳台である。聞き取り内容は、出国から来日の経緯、日本での就労経験、地域社会との関わりや子どもの教育などを中心にまとめた[*5]。インタビューは、神奈川県B市内の自治会集会所で日本語を用いて約2時間行った[*6]。

1. BOさんのライフストーリー

(1) 来日経緯

BOさんは、ラオスの首都ビエンチャンで生まれ、測量の専門学校を卒業し1年間ほど技師として働いていた。ラオス語のほか、地理的に近いことから幼少期からタイ語、英語とフランス語は学校で学んでいたという。1975年に社会主義体制のラオス人民民主共和国が樹立されると、前政権の高級軍人だった父親は5年間共産党の強制収容所に収監されてしまった。自身の立場を案じたBOさんは、1980年に出国しタイの難民キャンプ（ノンカイ→パナニコム→ルンビニ）で5年ほど過ごすことになった。BOさんの兄は留学生として1980年に来日した経験もあるが、帰国後はタイのキャンプからアメリカへ難民として出国した。BOさんの妹も難民として渡米した。BOさんが入ったルンビニキャンプ内でもアメリカに難民として比較的早く行くことができるといわれたが、アメリカ社会の情勢なども考慮して最終的には日本行きを選び、キャンプ内で日本語も少し学んだという。

日本へ難民申請を決めた経緯について、幼少期に見たアニメ『鉄腕アトム』の影響も大きかったとBOさんは以下のように語っ

*5　本節で引用するインタビューは、すべてこのインタビューにおいて聞き取られたものである。

*6　インタビュー実施日は、2019年4月6日である。

た。

> 42 BO：はい。それから私、ちょっとね、心も変わったから。やっぱり日本は同じアジアね、だからもうラオスも近いし、5時間か6時間ぐらいね。もし戻るっていってもできるから、アメリカはちょっと遠いから、なんか十何時間。あとは、顔とかなんか違うんですよね、アメリカとはね。
>
> だから日本の方とラオス人は同じよね、顔と、言葉だけ違うけどもね。見たらわからないからね。習慣も近いからね。だから日本が一番いいかなと。なんかちっちゃいとき、結構、日本の漫画とか結構見たからね。

BOさんは1981年に25歳で難民として来日し、B定住促進センターで6ヶ月間過ごした後、自動車会社の関連会社の社宅を経て、1984年にX団地に入居した。BOさんはその後いとこ3人を日本に呼び寄せ、1人はアメリカに住んでいるが、2人は日本に住んでいるという。

BOさんは来日後から、自動車会社の関連会社で働き、上司からの信頼も厚く定年まで働くつもりだった。しかし脊髄麻痺を患い仕事を続けられなくなってしまい、21年間働いた会社を辞めざるをえなくなったときはとてもつらかったという。1年ほど治療に専念した後、3〜4年はタイヤ会社で働き、友人と1年間中古車販売の仕事に従事した。その後、タイからの観光客のガイドやラオスの政府関係者の来日時の通訳業を始めている。

1993年には父親どうしが同じ部隊だった妻と結婚をしてラオスから日本に呼び寄せ、その後4人の子どもを育てた。BOさんはおもに定住促進センターやボランティア教室で日本語を学んだ。まだ妻が日本語が不自由だったときには子どもの通院や学校のことなどで、BOさんが仕事を休むことも多く、苦労も多かったという。

(2) X団地での自治会活動

BOさんは居住する団地自治会で聞き取りの1年ほど前から、居住する棟のまとめ役である棟長を担当していた。ただ、当初は日本語力に自信が持てないことや出張も多いことから、あまり積極的には関わろうとはしなかったという。しかし、難民として来日した当初から、在日ラオスコミュニティでのボランティア活動を行っていたことから、現在では棟長の仕事を「大変とは思っていない」(329) という。また、日本人の役員のほとんどが70歳以上の高齢者であることと比較すると、BOさんは「若い」住民であることも引き受ける理由となったようだ。

323 BO：皆さんも頼むからね。私、いま「ちょっと日本語あまり得意じゃないから」(といっても)、「大丈夫、大丈夫」ってね。なんか皆さんもね、活動してても、毎年、あそこ(自治会) 結構、高齢者多いから。
324 ＊：そうですね。
325 BO：だから、「あなたは若いから」といわれたよね。向こう (自治会の役員たち) もだいたい70代以上だから。だから1年間ぐらいね、活動してます。
326 ＊：そうですか。どうですか、やってみて、大変な部分とか。
327 BO：そうですね、私、最初活動したくないから。私、出張多いから、だからね、もし、棟長になっても続けられないから、皆さんも迷惑になっちゃうから。でも皆さんは「大丈夫、みんなも (それぞれ) 生活があるからね」と。だからもう「出張も構いません」っていわれてね。はい。
328 ＊：そうですか。
329 BO：大変は大変だけども [＊：大変は大変]、でも私 [＊：へー、すごい、偉いな]、結構なんかボランティアね、お受けするから、そんなにまあ大変じゃんって思ってないから私、はい。

(3) 在日ラオス人コミュニティにおける活動

BOさんは通訳業のほか、タイやラオスとの文化交流を目的とした協会の代表を務めている。団地からは車で30分ほどの海老名にセンターがあり、そちらでタイから僧侶を招いてラオスの正月を祝うイベントなどで多忙を極めている。こうした活動は来日当初から続けていたといい、当時の自動車部品工場の上司もBOさんのボランティア活動に対し理解があったという。

381 BO：会社を休んだから、ちょっと会社には迷惑かけたから。でも、会社はわかってくれてたから。私、独身のとき、ボランティア活動は結構多いから、だから会社もね、結構会社もわかってくれたから、いろんな活動するからね。

382 ＊：理解があったんですか。

383 BO：ええ。たとえばラオスの方がなんか問題あったらね、たとえば入管とか、学校、子どもの学校とかね、病院に行きたいとき、私にお願いするから。私が一緒に行ってあげて。

384 ＊：わりと、じゃあ、（日本に）来てすぐから、そういう仕事はなさってたんですか。

385 BO：ええ。私、そうね、まだ、定住促進センターにいたとき、大先輩のラオスの協会の会長、私の先輩に会って。もしよければね、「あなたももし（定住促進）センター出たら、よければ、ちょっとなんか［＊：そういう仕事］。協会のボランティア［＊：しませんか］、しませんか」って聞かれたのね。

それで私、「うん、いいよ」っていって。だから先輩も「もし協会入ってればね、いろんな社会のこと勉強することができるから［＊：あ、そうですよ］」と。だから私も、やっぱりいいかなと思ってね。はい。

（中略）

391 BO：だから、ずーっとね、日本来てからいままで、私もボランティアの活動してきた。

日本で育つタイ人やラオス人の子ども（男女ともに）向けにBOさんが代表を務める文化協会において、日本語の話せる僧侶が仏教やタイ・ラオスの文化を教える夏休みのプログラムも主催しているという。ラオス人難民も多いアメリカと比較して、BOさんの協会は在日ラオス人が全国的に集まる拠点となっていることも強調された。

159 BO：そうですね、ちょっと違いますね。アメリカは結構、国は大きいからね。（中略）だからあんまり（1ヶ所に集まることは少ない）。日本は、たとえば1年間、ラオス、お正月のとき、みんなもう集まるよね。みんな、いろんな県からも来るからね。

（中略）

161 BO：たとえばラオスの大使館とか、お正月のとき、あと、文化センターのお正月のとき、結構ラオスの、たとえば静岡県とか、東京、埼玉、茨城とかね、あと兵庫県、姫路から、みんな来ます。

(4) 日本での子どもの教育

BOさんには4人の子どもがいるが、長女（35歳、看護師）、次女（幼稚園教諭）、長男（会社員、副工場長）、三女（23歳、美容師の勉強中）で、全員地元の中学から県立高校に進学し卒業している。子どもの頃はいろいろと学校などで苦労があったようだが、全員日本で仕事をしていたり、将来に向けて勉強をしていたりするという。

県内の他地域に住むラオス人の子どもがいじめを受けたことなども語られたが、BOさんの子どもたちは全員団地内の小中学校に通い、いじめも受けなかったことは「良かった」と語られた。ただし、長女が中学生の頃友人関係を理由に勉強をあまりしなくなってしまい悩むことも多く、そのときは熱心な担任に助けられた部分が多かったと語る。

535 BO：（前略）こっち（X団地）は、いじめはないから。ただ、あんまり、ちゃんと勉強はしないよね。ええ、勉強しないときは、ちょっと先生は心配だから、だから先生はいろんなことね、ちゃんと勉強しないとね、高校（進学）とか、（入学）試験とかもできないから、だからちゃんと勉強（するように）。だからもう、いろんなこと言ったからね。それで、もう（子どもは）ちゃんと（勉強）しました。

536 ＊：じゃあ、結構、先生からいってもらった。

537 BO：はい。先生も、もう家まで来た。

538 ＊：来てくれたんですか。

539 BO：ええ。だから先生。

540 ＊：一生懸命。

541 BO：担任の先生はね、結構、生徒の方をちゃんと見てるから。なんか悪いことをしたら、父、母も全然わからない。お父さん、お母さんも、自分の子どもはわからないからね。どうなっているかわかんないから、だから先生教えてくれて、びっくりしました。

このほか、長男が通った定時制の高校については、教師たちが熱心に指導してくれたため、BOさんよりも日本語能力が高くなり、副工場長の職を任されるまでになったことを挙げて「やっぱり高校は違うね」(561) などと好意的に評価していた。

家庭でのラオス語や文化の保持については、子どもたちは少しラオス語を話せるというが、発音は日本語の影響を受けているという。

425 BO：ラオス語は少しね、少し。ほとんどみんな、たとえば、お父さんから話ね、ラオス語して。でも、ほとんどは日本語になってるから。

426 ＊：じゃあ、わかるんですね、きっと。

427 BO：ええ、わかるけども。でも、話はなんか日本の方と同じ、発音ね。(4人の子どもは) みんな日本で生まれたから、だから日本人と同じ、変わらない。

428 ＊：変わらない。

ラオスの文化もBOさんから家庭で教えたことがあるというが、長男に関しては、彼が子どもの頃、夏休みにタイの仏教寺院で少年僧として仏教を学ぶサマースクールにも参加させている。僧侶が日本留学の経験もあり日本語が堪能なことから、日本からタイやラオスにつながりがある子どもたちが参加していたという。

431 BO：息子もお寺ね、なんか好きよね。

432 ＊：ああ、そうなんですか。あ、時々、(寺院に) 行かれたりして。

433 BO：ええ、そうなんですよ。はい。

(中略)

435 BO：たとえば休みのとき、ちょっと1週間、2週間ぐらい、なんか説教を受けて。そして、少年のお坊さんになって、それから、いろいろ文化の勉強をしますね。

（中略）

440 ＊：タイのお寺で。

441 BO：ええ、タイ、タイ。1年間なんか、夏休みのとき、ちょうど子どもたちもみんな学校休みだからね。［＊：あ、休み］うん。だからもうこっち（寺院）の活動するから。

442 ＊：ああ、なるほど。そういうプログラムみたいな、［BO：ええ、プログラム］あるんですか。

443 BO：（前略）みんな子どもはちゃんとお寺に（預けて）、お父さん、お母さんは一緒に行かないから、ちゃんとお坊さんに任せて。それでも、お坊さんがいるから面白いからね。お坊さんの日本の大学も行ったから、だから日本語ぺらぺらなんですよ。

(5) 今後の展望について

BOさんの長男と長女、次女はすでに家を出て、孫も1人いる。三女も成人しており、彼女からは「ラオスに帰って祖父母の面倒を見たほうがいい」(523) といわれているが、自宅のリフォームを行い妻もまだ働いていることから、BOさんはしばらくは妻と二人で日本に住むことを考えているという。BOさんの在留資格は「永住者」だが、難民であることからラオスのパスポートを持っていないため、海外旅行や出張の際の出入国審査に不便であり、将来的には日本国籍を取得することも考えているそうだ。帰化に関しては、子どもたちも同様に考えているという。

197 BO：（前略）たとえば私、去年も行ったね、アメリカに［＊：アメリカに］。家内はラオスパスポート持ってるでしょう。家内はラオスからね、難民じゃないから。私はパスポート持ってないから、だから再入国だけ持って。成田空港でもいわれたのね。（入管の審査官の）職員の方は、「あなたは海外行くとき、パスポートもないの？」と。いや、「もう書いてあるんですよ」と。再入国（許可）があれば、どこでも行けるからね。パスポート持ってない方でも、（海外に）行けるから。でもちょっとなんか向こう（審査官）は、あんまりわからないからね。だから、できればパスポートあれば一番安心するね。そんなもう、いろんな文句いわれないからね。
アメリカに行っても、家内が先に入って、私は「ちょっと待って」、調べるからいろんな、「これは本物か」とかね。だから私、再入国許可見せたらね。私もちゃんと日本のパーマネントね、「永住」だから。そうしたら向こう（アメリカの入国審査官）、いろいろ調べた。
198 ＊：（前略）じゃあ、お子さんたちも、まだやっぱり、そういうパスポートがない状態で、永住権を持ってるっていう感じ。
199 BO：ええ、そう。だから、娘、息子も、これからもね、自分で申請したいという［＊：ああ、やっぱ帰化を考えて］。ええ、帰化したいという考えがあるから。私もやっぱりね、海外行くときはね、できればね、パスポート持った方がいいじゃないかと思ったね。帰化、はい。
（中略）
200 ＊：ラオスに帰るときにはどうなるんですか。帰れるんですか。
201 BO：ええ、帰れます。でも、帰るときも、ちょっと大使館に行って、ビザ申請する［＊：あ、大使館に］

また、日本名を使用していることについては、BOさんの子どもの高校入学がきっかけだったという。

191 BO：そうね、いま日本名を使っているのね。なんか娘が高校入ったとき、ちょっと先生とか、友達が（ラオス名を）読みにくいから、娘が恥ずかしいから。「お父さん、ちょっと日本名を作りたいからね」と。それから私は市役所に相談して、市役所でも「大丈夫ですよ、もし変えたければ」といわれてね。

心理的にも、日本に住む時間も長くなり、ラオスに帰っても「帰った」という感覚はなく、自分のなかでは「日本が中心」になっていることを強く感じるという。

519 BO：たぶん、私いま、何回か行ったけどもね、とくに慣れない。だから日本も、ちょっと慣れたからね。ラオスもなんか、私自分に、中心じゃなくてね、なんか日本が中心になったね［＊：すごい］。僕（ラオスに）行ったら、なんか違うかなと思って。だから日本に行ってもね、なんか日本は自分の国［＊：国になって］と思ってね。なんか気持ちがね。

向こう（ラオス）行ったら、なんか［＊：外国人］、そう、遠慮するから、なんか違うからね。だから、そうね、向こう（ラオス）は25年でしょう。日本は、30何年だから、ちょっと違うわね。はい。

2. 考察

BOさんは当初は団地の棟長の仕事を「活動したくない」(327)、「日本語も得意じゃない」(323)、「出張が多い」(327)と、あまり積極的に受け入れられなかったと語ったが、「(日本語ができなくても) 大丈夫」「(住民のほとんどは70歳台以上のため) あなたは若いから」(325)、「出張しても構わない」(327)などと、日本人役員からの後押しもあり態度を変化させた。来日当初から、同胞のラオス難民に対する支援活動を行っていたことから、自治会や地域活動に関わる自分への期待を同国人への支援経験と重ねていた。

子どもの教育に関しては家庭での言語や文化の保持のほか、長男をタイの寺院に送り仏教やラオス文化を学ばせるなど、仏教や母国の文化を非常に重視していることが明らかになった。聞き取り当時、自らタイ・ラオスの文化交流協会の代表として、精力的に活動していた。

BOさんの気持ちとしては「日本が中心」、「日本が自分の国」(519)となっているといい、日本国籍の取得も含め、今後もX団地や日本での暮らしを続ける見込みであることが語られた。日本にいながら、ラオスやタイの文化活動と仏教に関わる活動を続けることが安定的なライフスタイルとして確立されていることが窺えた。これらのエスニック・コミュニティ活動を媒介として、自治会や地域活動参加への意義を再認識する契機になったとも考えられる。

ラオス人男性BOさんのライフストーリーの分析から、難民としての出国・渡日、来日後の仕事、体調を壊した後の新たな活動、子育てのことなど、おもに地域社会とのかかわりを描き出した。定年まで働くつもりだったという長年勤めた自動車の部品会社をやむなく辞職し、健康を優先するようになった後は、ラオス大使館や仏教寺院、難民支援団体などとの幅広いネットワークを生かし、在日ラオス大使館や在日ラオス人のエスニック・コミュニティといった母国とのつながりを重視する活動へと活躍の場を広げていった。次第に自治会や自治会長から頼まれて、X団地のラオス人のためにボランティアの通訳などとして働くことも多くなっているという。BOさんにとって団地の自治会活動への関与は、35年という長い居住歴のみならず苦労しながらも4人の子どもをX団地で育てた経験も無関係ではないだろう。

第3節　AJさんのライフストーリー

本節は、神奈川県のX団地に居住するカンボジア人女性AJさんへのインタビューにもとづいたライフストーリーである。AJさんは1995年に母親と日本人男性との再婚にともない来日し、その後はカンボジア人男性と結婚し、再婚を経て夫と子ども2人と団地に居住している。調査実施当時の年齢は50歳台である。聞き取り内容は、来日の経緯、来日後の生活、地域社会との関わりや子どもの教育などを中心にまとめた[*7]。インタビューは、AJさんの自宅で日本語とカンボジア語[*8]を用いて通訳同席のもと約2時間行った[*9]。

---

*7　本節で引用するインタビューは、すべてこのインタビューにおいて聞き取られたものである。

*8　インタビューデータのなかの「《C》」はカンボジア語による発話を意味している。

*9　インタビュー実施日は、2019年3月11日である。

1. AJさんのライフストーリー

(1) 来日の経緯

AJさんはカンボジアのバッタンバン州出身の女性で、1995年に来日した。父親は中国系で母親はカンボジア人である。難民や呼び寄せとしての来日ではなく、日本人と再婚した母と来日し、AJさんも日本国籍を取得している。1970年のクーデターに端を発するカンボジア内戦前から、カンボジアでボランティア活動をしていた日本人男性と母親が知り合いで、内戦終結後に再会し結婚することになり、AJさんも30歳のときに母と一緒に来日することになった。AJさんのほかに兄が2人おり、一緒に来日した。なお、AJさんの実父はカンボジア内戦で命を落としたこともはっきりしないまま死亡と断定された。

> 263 通訳：お父さまはポル・ポト時代に行方不明になっちゃって、もうおそらく亡くなってるだろうって。
> 264 AJ：もう亡くなってる。《C》
> 265 通訳：もし生きてたら、バッタンバンの国境に戻ってくるはずですけど、戻ってきていないということは、もうどこかで亡くなってるんでしょうという（判断をした）。

AJさんの母と後に夫となる日本人男性との関係は、カンボジア内戦をはさんで、30年にわたる数奇な縁であったことも語られた。内戦終結後1992年に国際連合カンボジア暫定統治機構（UNTAC）が設立され、立憲君主制の政権が樹立されると、男性はAJさんの母をバッタンバンまで探しに行った。

> 259 通訳：バッタンバンに行って、お母さんはまだ元気にご健在なのか探しに行って。
> 260 ＊：行って。
> 261 通訳：それで見つかって。《C》

AJさんはカンボジアでは小学校3年生までしか学校に通うことができず、道端で果物や菓子を売る仕事に就いていたという。社会的にも不安定な情勢が続いており、AJさんの生年月日もはっきりせず、1993年にカンボジアが立憲君主制になってからの初めての住民登録の際に、母親から大まかな日付で登録されたものだという。バッタンバン州は都市ではなく、当時の子どもたちはみな路地で物売りをしていたのが当たり前だったという。そのため、AJさんはカンボジア語の読み書きはあまり得意ではないという。来日前にAJさんは日本に行くことについて母親から「カンボジアより良い暮らしができる」と聞かされていたという。

> 106 通訳：外国はどんな国か想像もできなかったけど、親が「カンボジアよりは断然いいよ」って、「いい暮らしができるよ」って聞いて、それでとくに心配もなく（来日した）。最初は不安だったけど、でも親がそういってくれたから一緒に来て。でも実際に住んでみたらカンボジアよりは安全、治安もいいし。

収入も非常に低い水準であることに加え、AJさんの出身地はタイと国境を接していることもあり、現在ではますますタイや海外に働きに行く若者が増えているという。パスポートやビザも持たずにタイに入国する人も後を絶たず、機会があれば手段を選ばず海外に行きたいと思う人が多いことが語られた。

> 119 AJ：だからもう、いまもうだいたい田舎の人は貧乏の人だから、もし日本に行けるなら、《C》絶対に行く。いまでもみんな。《C》
> 120 通訳：いまとくに。
> 121 AJ：いつもタイに逃げていく。
> 122 通訳：仕事もないし。
> 123 AJ：たとえば《C》銀行からお金を借りてタイとか逃げていくとか。
> 124 通訳：諸国に行く。
> 125 AJ：仕事ない。
> 126 通訳：仕事がないから、とくに田舎の若者は。
> 127 AJ：だからみんな貧乏ばかり。
> 128 通訳：国内で仕事がないので、土地を担保にしたり、家を担保にしたり売ったりして銀行からお金を借りて、外

国に出て行くという人がほとんど。

129 AJ：もし外国に行けるのなら《C》

130 通訳：犠牲を、命を懸けてでも外国に出ていく人が多い。タイに行くにしても、パスポートを持ってビザを取っていく場合はとくに問題ないですけど、隠れて国境をくぐって行く場合、見つかると銃殺されたりする。

（中略）

200 AJ：でも、いまもっと、いまもっと。たとえば、だいたい20歳ぐらいになると、みんなタイに逃げちゃうから。たとえば結婚した人は自分の子どもと子どものおばあちゃん、おじいちゃんを置いて自分でタイに行く。で、子どもたちも学校に全然行ってない。だいたい18歳で仕事できるようになったら、もう［通訳：働きに行く］パスポート作るとか、タイに行くとか。

（中略）

210 通訳：縫製工場。カンボジアだと150ドルぐらいしかお給料もらえない。

211 AJ：《C》生活、1ヶ月160ドル、150ドルぐらい。

（2）来日後の生活

1）就労と離婚・再婚

AJさんは来日後すぐに仕事をしなければならず、クリーニングや電源コードの製造などの工場労働を続け、日本語も正式に学んだことはない。来日当初は父母とともに、X団地の知り合いの家に同居させてもらっていた。一時は団地の収入制限を超える収入があり団地から引っ越して民間のアパートを借りたこともあったが、X団地には、AJさんがカンボジア人の男性と結婚したときから22年間住み続けている。一緒に来日した2人の兄のうち1人は、カンボジア人の妻の親族がアメリカに住んでいるため兄も約2年半前からアメリカに住んでいる。もう一人の兄はX団地に住んでいる。

AJさんは日本に来てからカンボジア人男性を紹介され結婚したが、その夫はあまり収入も多くなくAJさんが一家を養わなければならなかった。日勤と夜勤を続けたこととストレスとで体調を崩し、聞き取り当時5年間以上仕事はしていなかった。夫との間には長男と長女をもうけたが、2008年に離婚し、生活保護を受けながらAJさん一人で2人の子どもを育てなければならなかった。

2013年にはカンボジア人の男性と再婚した。AJさんの両親はすでに2人とも亡くなっており、再婚した夫は、AJさんが体調を崩していたときに、二人の子どもの面倒をみてくれていた遠い親戚にあたる男性である。体調もすぐれず二人の子どもの将来にも不安を抱え、深い絶望感にさいなまれながらの再婚だったことが語られた。

566 通訳：《C》いまの旦那さんは遠い親戚で、一時、自分はもう何か生きられないんだろうって絶望感とか（があった）。
567 AJ：《C》
568 通訳：5日間寝れないときもあって。で、もう何か生きられないんだろうって自分で感づいて、子どもたちをカンボジアの親戚に預けて、「もし自分が亡くなったら親戚が大人になるまで面倒見てくださいって」いって。その遠い親戚がいまの旦那さんで、それで彼と再婚して日本に連れてきたって。
569 AJ：《C》
570 通訳：自分は別に再婚はしたくなかった。年も（年だったので）。
571 AJ：《C》
572 通訳：結構その男性は自分の子どもたちに親切で面倒見がよくて、再婚すれば、もし自分が亡くなっても、その相手が面倒見てくれるだろうと思って再婚したみたいです。

2）近隣との関係

AJさんは掃除などの定期的な自治会活動には参加しているほか、それほど頻繁ではないが近隣の日本人の高齢者とも交流があるらしい。

528 通訳：あの、団地のこの階の奥の人のおばあちゃんとかは？
529 AJ：奥の人。
530 通訳：いろんなもの、食べ物持ってきたりあげたりはしてます。

（中略）

534 通訳：時々、冬はあんまりおばあちゃんも出てこないけど、夏とかになると（交流がある）。

535 AJ：近くのおばあちゃんだって体調が悪いのね。

536 通訳：ちょっと10分、20分話したりもします。

団地内にはAJさんの兄のほか、カンボジア人の知り合いは比較的多いというものの、あまり迷惑をかけたくないと感じており、交流は休日に限られ、かれらを頼ることを遠慮しているようだった。

540 AJ：カンボジアの知り合いはいっぱいいるね。《C》

541 ＊：お兄さんがX団地にいるっていってましたね。

542 AJ：はい、はい。でもみんな自分の、自分の生活があるからあんまりしゃべらない。

543 ＊：忙しい。

544 AJ：はい、休みの日だけでね。

3）2人の子ども

AJさんの二人の子どもは元夫との子どもである。長男は日本の高校を卒業してすでに就職しており、X団地からも近いUR都市機構の団地に住んでいる。県立高校に通う長女のカンボジア語の保持については基本的にはできており、AJさんの通院時には通訳を頼むほどであるというが、複雑な会話になると意思疎通は難しいという。

394 AJ：私はいつもカンボジア語でしゃべってるけど、でも時々は日本語になる。もう意味がわからないところはカンボジア語で話す《C》。

395 通訳：ミックスですね、カンボジア語と日本語。日本語がわからないときはカンボジア語を話すけど、でも逆に子どもたちはカンボジア語を理解してないから。

396 AJ：《C》ことば《C》深いことば《C》。

397 通訳：難しい。ミックスで使ってるから、ごちゃ混ぜになって。もし自分が完全に日本語を話せるんだったら、完全に日本語で話した方が子どもはわかりやすいと思うけど、でも自分もわからないことばがいっぱいあって。カンボジア語で話しても、子どもたちはカンボジア語を理解してないから、意思疎通が時々難しくなるということです。

(3) 健康面への不安

AJさんは来日してからずっと働き詰めで、体調が良くない中インタビューに応じてくれた。また睡眠不足にも悩まされており、3種類もの薬を飲んでいた。めまいの症状がひどいため団地近くのB2病院へ通院しているほか、さまざまな病状が表れており、そのたびに異なる病院を受診し、多くの薬を飲んでいた。何種類もの薬を飲んでいるためそれぞれに副作用があり、それにも悩まされていた。病院に行く際には病名などを医師に書いてもらい、帰宅後に長女からカンボジア語で教えてもらうが、長女も詳しい病気のことはわからないため困っていた。

378 ＊：そういうとき、ことばとか大丈夫ですか、病院では。
379 AJ：ああ、大丈夫。娘とかいるから。
380 ＊：お嬢さんが通訳してくれたり。
381 AJ：はい。でもカンボジア語のちょっと難しいことばは（わからない）。《C》
（中略）
384 通訳：（難しいカンボジア語は）子どもたちはあんまりわからない。
385 AJ：《C》
386 通訳：自分も日本語がよくわからない。
387 AJ：一番大変なのは、体の中（の説明）とか。
（中略）
390 通訳：カンボジア語は子どもたちはあんまりわかんないから、たとえば内臓の話とか、「痛い」といっても［AJ：そう、いろいろわかんない］いろんな痛みがあるから［AJ：《C》］子どもに伝えても（訳すことは難しい）。

AJさんはめまいがひどいため出かけることもできず、カンボジア人が多く集まるところにも行けず家で寝て過ごすことが多いという。

> 477 通訳：(前略) カンボジアの人がいるんじゃないかと思われるところの (団地内の) スーパーとかに行ってもいいんだけど、何かいろんなものあり過ぎて目線があちこち行っちゃうから、それでめまいになるって。

また地震などの災害時に、薬が無くなってしまったら、自分はどうなるかということも思い悩んでいた。さらには、高校1年生の長女のことをとても心配していた。自分がもし病気で亡くなるようなことがあったら、長女はどうなるのかなど将来への強い不安を抱えていた。

> 573 AJ：いまは一番上の子 (長男) は、もう (高校も) 卒業したし、もう心配しないで働いている。《C》生活自分でできるので、心配していない。
> 574 通訳：長男の心配はないです。
> 575 AJ：あと娘、下の子はちょっと心配。
> (中略)
> 577 AJ：毎日《C》(自分が) いつまで生きてるかわかんない《C》心配、一番下の子。
> 578 通訳：自分の健康状況はあまりよくないから長女が心配。ちゃんと成人して (自分が) 見届けられるのかどうかとかで、それで不安がありますね。

すでに日本国籍も取得しているAJさんは、今後も日本で暮らしたいと考えている。

> 107 AJ：もう、いま (日本に) 長く住んでると、ちょっとカンボジアには、自分の国には帰りたくない。
> (中略)
> 110 AJ：遊びはいいけどね。
> 111 通訳：暮らせない。
> 112 AJ：暮らせないから。もう安全じゃないから。

113 通訳：安心できない。

114 AJ：貧乏でも大変、お金持ちでも暮らすのは大変。泥棒もいっぱいいる。

自分の子どもたちに親切で、万が一自分が亡くなっても子どもたちの面倒を見てくれるだろうと考え再婚したAJさんだが、夫婦関係にも悩みを抱えていた。夫と結婚してから2回流産を経験しており、聞き取り当時50歳を過ぎたAJさんとの間に子どもを望む夫に対しても離婚されてしまうのではないかと不安を抱いていた。

590 AJ：もし泣いても、主人から離婚されても仕方がない。だって《C》仕方がない。

591 通訳：子どもができないことで、もう離婚するっていわれたら、それは仕方ない。自分は子どもを産んで育てていく自信もないし、健康状態もよくないから。自分に負担がかかって、子どもにとってもよくないでしょうっていうことで。

592 AJ：だからもう心配だから（子どもは）いない方がいい。もし子どもが欲しいとなったら、じゃあ、離婚。（夫が）違う人と再婚してもいい。仕方がない、自分でも。だって《C》体調《C》もう耐えられない。（中略）もし子どもを産んでも、面倒見る人や手伝う人がいなかったら絶対無理って（病院の先生も）いってた。

2. 考察

AJさんはカンボジア出身であるが、難民として来日したのではない点を強調していた。とはいうものの、カンボジア内戦で実父を亡くし、幼少期から物売りをするなど小学校も卒業できず、決して生活は楽ではなかった様子が語られた。また、タイと国境を接する出身地では、内戦時から現在まで何らかの手段で海外に出ることがあたりまえの社会となっており、「日本に来ることができて良かった」（240）と述べ、カンボジアに戻るつもりはないという。来日してから15年間以上2人の子どもを育てるため複数の仕事を掛け持ちし必死で働いたため、めまいなどの体調不良のほかさまざまな症状とその薬の副作用に悩まされていた。自身の体調と長女がまだ高校生のため将来を案じており、再婚した夫との関係も不安要素となっていた。団地内には兄のほか多くのカンボジア人が住んでおり実際AJさんも知り合いは多いというが、体調のことや遠慮もあり、それらに頼ることも十分にはできていないようだった。

カンボジア人女性AJさんの来日経緯、家族関係、地域社会とのかかわりなどを中心にまとめたが、体調不良そのもののほか、日本語ができないことで病院でのコミュニケーションがうまくとれないこと、さらには長女の将来など、多くの不安要素を抱えながらの生活は困難を極めているようだった。再婚したものの夫婦関係もよくなく「離婚も仕方ない」など、ネガティブな発言がインタビュー中も目立った。団地の掃除に参加したり、話し相手もいたりして最低限のつきあいはあるようだが、公的な支援を受けることもなく、実兄をはじめとする団地内のカンボジア人のネットワークにも頼らないで生きようとしている。外国人女性が日本で生きていく上での難しさを物語るライフストーリーといえよう。

第4節　団地が媒介する外国人住民の編入

以上、X団地に長年住む外国人住民3名のライフストーリー分析から、得られた知見をまとめたい。

まず団地入居のきっかけは、3人とも収入が少なくても入居できたことである。AEさんは都内の大学に通う娘と同居するために、BOさんは難民として来日し家族と同居するため、AJさんはカンボジアから呼び寄せた収入の少ない夫と同居するために入居した。本インタビュー調査に先立ち行ったアンケート調査でも、団地居住の理由としては家賃の安さが一番に選ばれている。また、BOさんとAJさんは病気がきっかけで働けなくなった経験を持ち、この2人にとっては団地がセーフティネットとして機能しているともいえる*10。

*10　本地域における外国人の健康状態についての研究（シャオ 2020）でも、日本に20年以上住んでいる人と、団地に10年以上住んでいる人は、自分のことを「不健康」だと評価することが多い。これは、主にストレスの累積的な影響や社会的に周縁化された集団が慢性疾患などの病気に早く

AEさん自身は団地の暮らしを「快適」といっているが、団地の中の日本人、中国人ともに交流も少ないという。日本語が堪能で「困ったことはない」と話すAEさんにとって、日本語を解さない外国人住民と自分を区別したいという気持ちも働いているようにも見え、だからこそ、ゴミの分別というごく日常的な場面において理由もわからず拒否されることは、団地のなかで疎外感を強める要因になっている。中国の年金を日本円で受け取るという行為は既存の研究ではほとんどみられない、いわばトランスナショナリズムの逆の現象ともいえよう。中国から呼び寄せる再婚相手との暮らし次第では、中国に戻ることも示唆されていたりと、日中を天秤にかけるようなトランスナショナルな指向がみられている。

AEさんとBOさんは、団地外の（エスニック）コミュニティとの活動や結びつきが強く、それが日本社会への帰属意識につながっていることも推測される。とくにBOさんは来日当初から、同胞のラオス難民に対する支援活動を行っていたことから、自治会や地域活動に関わる自分への期待を同国人への支援経験と重ねている。日本でラオスやタイの文化や宗教活動を続けることが、安定的な生活の基盤となっており、エスニック・コミュニティ活動を媒介として、受け入れ社会への統合が進むという先行研究の言説よりも、さらに具体的な自治会や地域活動への参画につながることが示唆された事例である。病気が契機ではあったものの、日本で難民から労働者という役割を超えて、X団地の住民として自らが「主体化」（藺 2020: 97）している姿ともいえる。もっとも、日本人住民が高齢化している団地では自治会活動の担い手をより「若い」外国人に求めることで、「相互の協同性・共同性」（藺 2020: 97）が結果的に促されるという事情もあるだろう。

AJさんは前者の2人と比べ、いずれにおいても困難な状況にある事例である。団地内で最低限のつきあいはあるようだが、公的な支援を受けることもなく、団地内の親族や同国人コミュニティがあっても体調のことや遠慮もあり、それらに頼ることも十分にはでき

からかかるリスクが増し、老化を加速させるという「風化仮説（weathering hypothesis）」による説明が可能であるとシャオは指摘している（シャオ 2020: 83）。

ていないようだった。その理由の一つとしては、団地に多くいるカンボジア出身者のように難民として来日したのではないことを強調していた点が考えられる（13）。だが、AJさんにとってカンボジアから呼び寄せた男性との2回の結婚は、母国の親族ネットワークと繋がる配偶者呼び寄せのシステムのなかでの、女性の生きづらさを示しているようでもあった*11。AEさんが4回目の結婚相手の女性を中国から呼び寄せることについて、「楽しみ」ととらえられていたのとは対照的だ。

なお、団地内の学校への評価だが、3名から団地住まいを続ける理由として明示的には語られなかった。BOさんAJさんともに、通訳をするなど子どもたちの母語保持はかなりのレベルと思われたが、完全なレベルではないとその評価は低かった。他方で、BOさんは、県内の他地域のラオス人の子どもがいじめにあっていた事例を挙げ、「こっちは、いじめはないから」とか、中学校の熱心な教師に感謝していた（535）。BOさんにとって団地の自治会活動への関与は、35年という非常に長い団地居住歴のみならず、4人の子どもを団地で育てた経験も無関係ではないだろう。

筆者とともに同時期にインタビュー調査を行った研究者も、団地の外国人住民を団地から「移動できない」「問題を抱えた人々」という姿ではなく、より主体的に営む生活世界に着目している（伊吹 2020; 高橋2020）。たとえば、団地の住民に対し「自分を育ててもらった恩」や、「自分ができなかった親孝行をする場所」などの意味を団地に付与する難民二世のベトナム人男性の語りが特徴的である。

> 340 AC：（団地への貢献について）そうするべきだなってすごく感じてますし。だからね、その、X団地でずっと育って

---

*11　ベトナムやカンボジアから日本での就労や家族への送金など経済的動機を持つものの、直接的に就労を選択せず、神奈川県のインドシナ難民の男性と結婚するために来日する「結婚移民」女性については長谷部（2021）に詳しい。AEさんの2人の夫は男性版の「結婚移民」であり、インドシナ難民のコミュニティでは「配偶者呼び寄せシステム」が男女ともに広がっていることがわかる。

きて、両親が共働きであんま構ってもらえなかったんで、地域の人にすごく見てもらったなっていう思いはすごくあるんですよ。

（中略）

342 AC：（前略）今そういうの（地域のイベントや、地域で子どもたちを育てるようなこと）が全くなくて、ほんとてんでバラバラな感じがするんですよね。だから、こう、何か地域に対して恩返しができたらなと思って。

（伊吹2020a: 21）

また、団地内の小中学校には外国人児童生徒が多いことから、高橋は「多様性を受容する学校教育という学校経験」が、定住の不安定性を克服しX団地に定住した理由であると指摘した（高橋2020: 50）。当然ながら、一軒家購入やより広い別の公営住宅を求めて、団地を出る層（30〜40歳台）もいるが、それでも団地からそれほど離れた地域に住むのではなく、何らかの形で団地のエスニック・ネットワークや社会関係資本を利用する傾向もみられている。

以上の分析を通して明らかになった知見として、外国人住民のライフストーリー分析からは、団地以外のエスニック・コミュニティやネットワークや、母国とのネットワークや行動規範にも依拠しながら暮らす人たちの実態が明らかになった。団地という同化的な力が働きがちな「社会装置」の場においても、外国人住民が維持するトランスナショナルな要因とを両立させた生き方や、生活世界の重層性が顕著であった。

第 5 章

コロナ禍における外国人住民と共助

新型コロナウイルス感染症の拡大で、生活様式のみならず、社会的なコミュニケーションの価値も大きく変容している。世界的に人の移動が制限されたことにより、物理的な人の移動がより強く意識され、より活発になったオンラインやSNS上のつながりとの対比もなされることになった。移民が「感染リスク」とみなされることもあり、相互依存関係が根底から揺らいだ。このような現象により、「あまりにつながりすぎることで常態化して見えなくなった人の移動が逆に可視化」されたという（松尾・森 2020: 2）。

なかでも外国人住民は国内外への移動の制限や収入の減少・失業など経済的に打撃を受けやすく、その家族や子どもたちも含めた社会的弱者への目配りが必要である。厚生労働省の「外国人雇用状況」の届け出状況によると、本章の調査実施時である2021年10月末の外国人労働者数は約173万人で過去最高を更新したが、前年比の増加率は減少している。ただ、2020年に大幅減を記録した「宿泊業、飲食サービス業」は増加に転じている（厚生労働省 2022）。一方、ハローワークの外国人の新規求職者（在職中を除く）における非自発的な離職（事業主都合）の割合は、2020年7月に約7割に達した後、下降はしているものの、2021年秋の時点でも半数近くであり、依然として外国人がコロナ禍における景気の変動を受けやすい立場にあることがわかる（職業安定局外国人雇用対策課 2021）。

コロナ対策として、国や自治体は給付金、支援金、休業手当、生活福祉金の貸し付けなど、いわゆる「公助」の強化を図ったが、在留資格、日本語力、情報格差などの理由から、外国人はセーフティネットからも取り残される傾向にある。「共助」や支援においても、非接触のコミュニケーションは一層困難な状況にあるだろう。さらに国内外の厳しい移動制限については、外国人住民たちの移動性と同時に「非移動性（immobility）」という側面からの問い直しも必要であろう。

本章では、アフターコロナの団地における状況について、とくに中高年の外国人住民の事例から「移動できないこと」の意味を明らかにしたうえで、コロナ禍における団地での共助について、自治会、支援団体、外国人住民へのインタビューデータから考察する。

第1節 「移動できないこと」の意味 ——中高年住民の事例から

1. パンデミックがあぶり出す移動性／非移動性

新型コロナウイルス感染症というパンデミックにより、物理的な人の移動がより強く意識された一方で（松尾・森 2020: 2）、移民たちの「非移動性（immobility）」（Schewel 2019; Martin and Bergmann 2021）についても考え直す契機となった。この非移動性については、移動性と同様に、意思にもとづくものとそうでないもの、ならびに能力が関わってくる。コロナ禍での意思にもとづく非移動性としては、感染を恐れて外出や登校を極端に控えるなど、外国人の場合、母国での感染状況や行為規範が日本での行動にも影響することが考えられる。意思にもとづかない非移動性としては、コロナによる母国と日本との間の往来制限などがあり、これもかれらのトランスナショナルな日常への影響が大きい。さらに、パンデミックによって、移民の移動性のみならず、非移動性に関わる研究課題についてもあぶりだされた。従来の研究では、どうしても外国人住民の母国から日本（日本国内や帰国・第三国への移動も含め）への移動の経験や意味づけなど、「移動性」の側面がより注目されがちであった。こうした「モビリティ・バイアス（mobility bias）」ともいえる移住者への移動性のみへの着目によって、かれらの非移動性を後景化してしまうおそれが指摘されている（Schewel 2019; Martin and Bergmann 2021）。この非移動性については、移動性と同様に、意思（aspiration）にもとづくものとそうでないもの、ならびに能力（capability）が関わってくる（Schewel 2019: 335）。

ただし、こうした視点はそれほど目新しいものではなく、日本においては東日本大震災のときにもすでに言及されていた。五十嵐は、社会学者のZ. バウマンの「旅行者」という概念が、その対照にある存在としての「土地に縛り付けられている人たち」「移動できない人たち」の存在を浮き彫りにするものだと説明した。また外国人は、東日本大震災後にみられたように、母国に一時避難したり帰国したりする選択をすることにより、日本人から非難を受けることにもなりかねない。とくに東北地方に多く住んでいた日本人と結婚していた外国人女性たちは、それまで「同化圧力の下でその家族や地域社会に認められてきた」が、母国に一時避難した途端「自分だけ逃げた」と非難されたり、帰国後に日本人家族との信頼関係が「振り出しに戻った」りする事例などもあったという（吉富 2014: 162）。震災後の「多文化共生」には、ホスト国や社会を外国人にとって「残る／戻ってくる」に値する場であることが求められていると説く（五十嵐 2012: 83）。

リーマン・ショックとコロナ危機を比べると、金融危機であるリーマン・ショックでは比較的大きな企業が倒産したため、男性の失業率が高かった。コロナ禍では、外出や旅行の停止によりホテルや飲食店などの倒産が多いことから、女性や若年層に大きな打撃を与えていることが推測される（岩下 2021: 18）。移動／非移動をめぐる能力の点では、在留資格の制限や日本語力などのスキルの低さゆえに、雇用市場において外国人は非移動的つまり固定的な位置に置かれている。かれらは、リモートワークの環境整備予算を割くのが難しい中小企業の現場での労務に従事することが多く、所得格差にデジタル格差が連動している（大久保 2020）。一方で、コロナ禍で新たに生まれている雇用もある。私たちが「新しい生活様式」のなかで暮らすことが可能なのは、エッセンシャル・ワーカーとして働かざるをえない（大澤 2020: 17）外国人労働者の存在があるからなのだ。

2011年の東日本大震災では、母国に避難や帰国という選択肢があったが、より感染状況が深刻な国や、厳しいロックダウンを講じた国もあり、帰国という選択肢はほとんどなかったことが外国人住民に共通する特徴といえる。

本節では、「移動性／非移動性」という概念を手がかりに、団地在住の50〜70歳台の外国人4名のライフストーリー分析にもとづき、コロナ禍における国内外の移動制限の影響は何か、またこうした影響がエスニック・コミュニティや地域社会との関わりに対してどのような変容をもたらしたかを考察する。コロナ前よりトランスナショナルなネットワークを築いていた移民たちは、国内外の移動制限のもと、新たな「場」や「空間」を作り出したのだろうか。とりわけ、中年期や高齢化を迎えつつあるニューカマーの外国人住民や宗教行為も含めたエスニック・コミュニティ活動への影響についても考察する。コロナ禍というすべての人に共通の困難や危機における出身・入国経緯による共通点と相違点を明らかにすることで、移民の社会的統合の条件が導き出されるだろう。

2. パンデミックと外国人住民

(1) 災害と外国人

災害時における外国人住民と日本人や社会との信頼関係の重要性は、阪神淡路大震災や東日本大震災の際にも繰り返し指摘されているものの、外国出身の住民たちが感じている制度、言語、心理的な障壁は災害時にとくに露呈しがちである（吉富 2014: 141）。鈴木も、東日本大震災やコロナ禍の外国人住民支援の課題として、平時から外国人とつながり信頼関係を構築していないと情報は伝わらず、たとえ情報は受け取れても、窓口でのやり取りや申請は日本語であり、実態としては排除されやすく、実質的な平等を実現するための取り組みが必要であると述べている（鈴木 2021: 17）。

さらに、こうした人たちの共助や支援においても、接触を減らすことが求められた結果、コミュニケーションを図る上で一層困難な状況に陥った。たとえば、宗教とパンデミックの関係性においても、接触を減らすことが推奨されているなかで、宗教活動継続の難しさが指摘されている（島薗 2021: 32）。とくにコロナ禍が長期化するにつれ、「信仰集団や集いの場から人々が離れてしまうこと」や、21世紀に入って葬儀や法事など、弔いの行為が簡略化され、参加者の減少も続いていたとはいうが、それが一段と加速するのではないかと懸念が示されている（島薗 2021: 34）。

一方、日本のエスニック・ネットワークはインフォーマルなレベルにとどまっており、移民の社会関係資本としての機能は脆弱であるという指摘がある（永吉 2021: 245）。日本国内での同国出身者とのネットワークが、社会統合に影響するほどの強さのつながりを持ち得ていないという（永吉 2021: 245）。この前提となるのは、母国との紐帯の維持は受け入れ国での統合を阻害するという考えであるが、近年では、経済的な資源や情報、心理的なサポートを提供することにより、受け入れ社会での統合を促進するとの認識も高まっている。また、自らのエスニック集団への帰属意識を保持しているほうが、日本に対する帰属意識も同様に高くなりやすいことも明らかになっている（五十嵐 2021: 202）。たとえば、不況時や災害時にこそエスニック・コミュニティが社会統合に重要な役割を果たすこともある。東日本大震災の際にも移民の自立につながる支援活動を通して共助や連携が図られた例や、外国人住民が日本人住民を積極的に助けるといった例も注目された（鈴木 2012; 金 2014; 吉富 2014）。

（2）「災害ユートピア」と「モビリティ・バイアス」

金（2014: 200）は、外国人によるこうした自助・共助活動は「災害ユートピア」の一環（いわば短期的で特殊な事象）であって、外国籍住民が置かれた「恒常的、構造的な文脈を一般化することには慎重でなければならない」と警鐘を鳴らす。R. ソルニットの「災害ユートピア」という概念を用いた郭基煥の論考にもとづき、外国籍住民による支援活動も「災害ユートピア」ととらえ、外国人住民が震災後の東北で積極的に被災者支援に関わるなどの利他的行動をしたという事実は、むしろ「災害ユートピア」の形成を機に、「外国籍住民が地域社会の中心で果たしてきた役割が可視化されたことによって、現実的には外国籍住民がフルメンバーとしての権利からは疎外されている事実こそが浮き彫りになった」ときわめて重要な指摘をした（金 2014: 200）。とはいうものの、ソルニットによると「災害ユートピア」の持つ市民性や市民参加、利他主義、相互扶助の精神は非常に強いものであり、災害への対処に失敗する側はたいてい時の権力や公的機関であると、これもまた重要な示唆を与えた（Solnit 2009=2020: 427）。大切なのは、「災害ユートピア」を危機的状況の一過性の現象とさせずに、その後の社会においても持続させ、はぐくむことである（Solnit 2009=2020: 431）。

以上、移民の社会的統合を考える上で、かれらの定住意識や就労の側面以外にも、同国人集団や宗教機関なども含めたエスニック・コミュニティとのつながり、自治会などの地域社会への参画、母国とのつながりなども考慮すべきであり、既存の分析枠組みの再検討が迫られているといえる。その際に、外国人住民たちの国内外に移動できないことの意味にも着目することで、コロナ禍のような災害時における事象についても理解を深めることが可能になるだろう。とくに、コロナ禍のインパクトやコロナ後の変化のみならず、コロナ以前の社会構造が潜在的に孕んでいた脆弱性にも注目することが重要である。

3. リサーチ・クエスチョンと分析方法

以上の先行研究や研究対象地域の概要を踏まえて、本論では2つのリサーチ・クエスチョンを設定した。第1に、50〜70歳台の集住地域に住むニューカマー外国人住民にとっての、コロナ禍における海外および国内の居住地における移動できないことの意味への影響は何か。第2に、こうした国内外の移動制限への影響が、エスニック・コミュニティや地域社会との関わりにどのような変容をもたらしたか。以下で用いるデータは、神奈川県の集住地域に居住する外国人4名へのインタビューにもとづくライフストーリーである。この地域の選定理由は、筆者が2016〜2019年にも調査を行っており（坪谷 2020a; 坪谷・伊吹・中澤 2020）、コロナ前後の変化を確認できるからである。ただし、4名の出身国や入国経緯はそれぞれ異なるため、解釈の際には、その共通点と相違点に留意しつつ、個人による経験への意味づけを読み解く。また、この4名は本研究の対象地域の一般的な外国人住民のなかでの代表性が決して高いとはいえないため、上述した本調査地における外国人がおかれた状況を踏まえながら例証を行う。

4名の選定理由は、50〜70歳台で、本地域内の団地周辺に10〜30年間と長期間住んでいるということである（表5-1）。BUさんは団地自治会長からの紹介で、BOさん、AGさん、ADさん3名は、筆者が研究代表の共同研究で2018年にも聞き取りを行っている。質問事項は以下のとおりである。(1) 来日の経緯、(2) 日本での生活、(3) 地域生活、(4) 今後の居住予定などのほか、(5) PCR検査や新型コロナウイルス感染（濃厚接触者）の際に、病院等で日本語でのやり取りに生じた困難、(6) 労働時間短縮、休業、解雇などによる収入減少、経済的困窮などの有無、(7) 新型コロナウイルス感染症にともなう政府による給付金、休業支援金・給付金の手続き、ワクチン接種などの困難の有無、(8) 出入国にかかる移動制限による

表5-1　調査対象の外国人住民の概要

仮名（インタビュー年月日）	出身国	来日経緯	年齢（調査時）	性別	来日年	職業（調査時）
BUさん（2021.12.10）	中国	両親が日本人留用者	72歳	男性	1986年	退職
BOさん（2021.11.24）	ラオス	難民	66歳	男性	1981年	通訳・宗教団体代表
AGさん（2021.12.10）	ベトナム	難民	57歳	男性	1982年	板金工場勤務
ADさん（2022.3.5）	アルゼンチン	日系二世	51歳	女性	2010年（1989,1992年にも来日）	自動車部品の検査工場

支障、(9) 接触を減らしたことによる居場所の喪失や孤独感の有無、(10) コロナ禍で進んだオンライン化やツール。インタビューの実施時期は2021年11月〜2022年3月で、自治会の集会所（BUさん、AGさん）や喫茶店（BOさん、ADさん）で、日本語を用いて、1〜2時間程度の半構造化インタビューを行った。インタビューは許可を得てICレコーダーに録音し、1名につき9,800〜19,000字程度のトランスクリプトを作成した。

4. コロナ禍における外国人住民のライフストーリー分析

集住地域に住む中高年のニューカマー外国人住民にとっての、コロナ禍における国内外の移動制限への影響、ならびに、エスニック・コミュニティや地域社会との関わりの変容について、コロナ前の状況にも目配りしながら、ライフストーリーから読み解いていく。

まず、4人とも日本への定住意思を示している。BU、BO、AGさんはX団地に住んでおり、すでに子どもたちが成人したり結婚したりして別の地域（BUさんは県外、BOさん、AGさんは県内）に居住しており、夫婦でこれからも団地に住む予定である。ADさんは結婚はしておらず、団地近くのアパートで一人暮らしをしている。全員、コロナ罹患による入院など健康上の問題はなく、政府からの給付金受給やコロナワクチン接種についても特段の問題は述べられなかった。

(1) BUさんのライフストーリー

BUさん（72歳）は、旧満州政府の官僚をしていた日本人の父が、終戦後も中国に残ったいわゆる「日本人留用者[*1]」の子どもである。1949年に中国の黒龍江省で生まれ、そこで育った。BUさんの母親は1978年に先に日本に帰国したが、BUさんは1986年、37歳のときに日本に帰国した。妻は中国人である。

文化大革命の時代には、父が旧満州の官僚をしていたことや、日本人という出自から十分な教育を受けることができず、中学卒業

*1　「日本人留用者」とは、第二次世界大戦後始まった内戦中の国民党と共産党側に徴用されるため、医師、技師、兵士などとして中国に残って働いた日本人のことを指す。敗戦国民であった日本人は、強制的に戦争や「革命」に「協力」することを要請された者が多い（鹿 2006: 183）。

後は販売員や労働組織の監事の仕事などに従事した。後に大学の通信課程や教員養成学校で日本語を学んだBUさんは、来日前にすでに日本語の文章を読むことはできていたという。来日後は職業訓練校で1年間学び、機械の仕事に長年従事し65歳で定年を迎えた。その後数年間は、介護や清掃のアルバイトをしたが、聞き取り当時は無職であった。団地には30年近く住んでおり、年金で暮らしているため金銭的に余裕はなく、団地からの引っ越しを考えることはないという。長女はすでに結婚しており、夫の仕事の関係で県外に暮らしている。

団地内の中国人の多くを占める中国残留孤児や帰国者家族とは一番近い関係で、毎日団地内の公園でトランプをしているという。残留孤児と自身の境遇については、「(終戦のとき、中国で経験したことを)話し合うと苦しい」などと近い感情を共有しているようだった。

> 86 ＊：団地には、中国人の人もたくさんいますよね。
> 87 BU：何百人ぐらいいるかな。[＊：そうですよね] 毎日、この近所の公園でトランプをやってる中国の人がいる。
> 88 ＊：そういう別の中国人と付き合いはありますか。
> 89 BU：あります。トランプは普段は4人でやる。誰が入ってもいいから。毎日やってる。(中略)
> 95 BU：(中国の) 南方の人は2人ぐらい。ほとんどが東北の人間。開拓団の時代の残留孤児が多いですよ。話し合うと苦しいです。終戦のときに中国でいろいろ経験したことは大変でした。

BUさんは、コロナ前は中国の同級生や友人と会ったり休んだりするために、頻繁に中国に「遊びに」帰っていたというが、コロナ後はそのようなことは無くなり、中国の友人たちとは携帯やパソコンで連絡を取り合う程度になってしまったという。

一方で、コロナ禍でも趣味の囲碁は続けており、パソコンで調べた区内のコミュニティセンターの囲碁クラブにも頻繁に通って、自分と同レベルの人たちとの対戦を楽しんでいるという。自治会では、2回目の防犯部長として、団地内のパトロールのほか草取りの仕事も積極的に担当している。自治会活動への参加の理由としては、「仕事していた時はできなかった」(190) からで、他の中国帰国者とは違い、日本語を話したり、読んだりする能力があるからという自負も窺えた[*2]。

114 ＊：そうですよね。防犯の仕事は楽しいですか、面白い？
115 BU：以前は楽しい (笑)。
116 ＊：「楽しい」とはちょっと違うのかな。
117 BU：何か時間がたっぷりある。だからボランティアをするのもいいです。
118 ＊：ああ、そうか、そうか。
119 BU：昔、サラリーマンのときは、かなり時間が厳しい。[＊：できないですよね] いまは何でも時間はたっぷりある。だから、遊びながら (笑) [＊：ボランティアで] あちこちやってる (笑)。

団地内の中国人帰国者があまり自治会活動に協力的でないことについては、「中国の国民性の違い」(125) を強調して理解を示しながらも、自身にとっては「(日本) 国民としてやるべき義務」(129) などととらえていた。

125 BU：中国は考え方が違う。自分以外のことはあまり。プライベートのことだけを考えてる。自分に得なことは一生懸命やるけど、何も利益がなければ元気が出ないから (笑)。[＊：うん、うん] いろんな原因がある。国民性あるいは共産党の教育もある。でも私もはっきりはいえない。わからない。
126 ＊：そうですか。でもBUさんは、そういう自治会の仕事は、やってるわけですよね。

---

*2　ただしBUさんは、中国帰国者の二世や三世に対して、「日本で教育を受け日本語も堪能で、日本人の若者に比べ苦労を厭わない業種で起業する人も少なくない」など、評価をしている。

127 BU：時間があるんですから。
128 ＊：時間があるから。うん、うん。やって、結構満足したりしますか。
129 BU：満足は、多少の義務は感じる。[＊：義務ね] 義務。人間が生きてるうちは働かなければいけないのよ。団地のこと、あるいは社会のこと、国民としてやるべきことはやらなければいけないのかな。社会を守るには。

ただ、「(団地は) かなりにぎやかだった」「前のように、いろいろなことに生き生きする気持ちが見えない」(151) などと、活気のあった以前の団地を懐かしんでいた。「だんだん静かになった」「会長以外にやる人がいないから難しい」(151) など、30年間住んでいる団地が高齢化が進み自治会活動の担い手が不足していることにも言及していた。中国人住民のなかで自治会活動に参加する人が少ないことについても、「ちゃんと説明すれば、やる人はいるかもしれない。説明する人がいないですよ」(137) と、住民の高齢化が進むなかで、なおさら自治会活動に関わる人を募ることが難しい状況にあることをBUさんも認識していた。

(2) BOさんのライフストーリー

第4章でも取り上げたBOさんは1981年に難民としてラオスから来日し、団地には35年間住んでおり、調査実施当時の年齢は66歳である。自動車会社の関連工場で働いたのち体を壊し、聞き取り当時は通訳業と宗教団体の神奈川支部の代表の仕事もしていた。

BOさんは2018年の聞き取りの1年ほど前には、居住する棟のまとめ役である棟長を担当していた。当初はあまり積極的には関わろうとはしなかったというが、難民として来日した当初から、在日ラオスコミュニティでのボランティア活動を行っていたことから、棟長の仕事を「大変とは思っていない」と語っていた。また、日本人の役員はほとんど70歳以上の高齢者が多いことと比較すると、BOさんは「若い」住民であることも引き受ける理由として挙げていた (坪谷 2020b: 131)。

BOさんが活動する仏教寺院では、コロナ以降タイの僧侶が入国できなくなり、2021年夏頃に来日が再開されたため、1年以上僧侶が不在だった。その間は、ほとんどの宗教行事が対面で開けなかったので、タイからZoomで僧侶の説法を聞いたり、現金の寄付は振り込みや郵送、SNSのアプリケーションを使ったり、食物の寄付も郵送で送るなどして、寺院や僧侶を支えたという。ただ、こうした寄付行為は、コロナ前からSNSアプリケーションを活用するなど非常に活発で、コロナ禍でも寺院運営は財政的に困ったことは無かったという。

488 BO：お寺の電気代とかね、ガス代とかね、そういう（信者が経費を振り込む）状態です。こっちのお坊さんはみんな（聞き取り不能）なんか支援するけどね、日本のお坊さんはちょっと［＊：違いますよね］日本のお坊さんは商売だね。こっちは商売をやっていないから、だから皆さんが協力するから。

489 ＊：それがね、大事だってね、［BO：ええ、そうです］聞きました。

490 BO：たとえばお寺のなかをリフォームするとね、修理とか何かをするとき、皆さんにお知らせすると、皆さんもちょっとずつ協力するよね。

2021年に入ると、在日タイ人やラオス人信者たちによる日本国内にある寺院の支部への訪問や年中行事が再開された。混雑した電車より、信者だけが乗るマイクロバスに乗車し安全に移動したいというニーズが高まり、団体代表の通訳兼運転手の仕事もコロナ前と同様にかなり忙しくなった。

一方、コロナ禍での出入国制限が講じられたために、以前のように自由に母国に戻ることができず母国の親族の見舞いや葬式についてもオンライン化が進んだことが語られた。

304 BO：私もいとこが亡くなった。だから本当はみんな行きたいけど、でもちょっといま、コロナだから。だからみんな、オンラインで見る。

（中略）

322 BO：結構コロナのとき、みんな。［＊：そう。家族］家族。ええ。だから一番大きい病気とか、あと、亡くなった人、お父さん、お母さん、帰りたいけども、ちょっと無理。（そういうことが）結構多かった。

323 ＊：ほんとにそれはつらいですよね。

324 BO：ええ。結構つらい。

（3）AGさんのライフストーリー

57歳のAGさんは、高校を中退して漁師をしていた20代初めに、ベトナムから難民として1982年に来日した。ボートで漂流していたところを沖縄の漁船に救出され、長崎県、栃木県、兵庫県と転居し、神奈川県には1985年頃移り住み、1991年から団地に入居した。同じベトナム難民の妻との間に2人の子どもがいるほか、ベトナムにいたとき事実婚だった前妻との間の子も成人後に日本に呼び寄せている。3人の子どもたちは成人し、団地を出て県内で暮らしている。

仕事は30年以上近くの板金工場に勤務しており、年上の社員もほとんど退職したため、リーダーを任されている。コロナ前は頻繁に技術提携のためにおもにアジア諸国へ出張することがあったが、コロナ以降は海外出張に行かなくなっており、最近はAGさんより若い社員が海外出張に行くようになっている。海外出張を頻繁にしていた頃は、日本国籍がなく外国の入国手続きがとても不便だったため、自身や子どもたちも帰化したいと考えていたが、手続きが煩雑であることに不満を述べていた。アメリカやカナダの難民受け入れ国と比較しながら、税金や年金を納めているという理由がその不満の原因であった。

338 AG：私も日本は、古いから、悪いこともしていないし、いろいろな税金も年金も払ってるから。日本人と変わらないからさ。

「神奈川県は一番便利で、仕事もあるし」（84）といって、妻とともに団地住まいを今後も続ける意思を持つ。団地は住みやすいとはいうものの、中国人が多いことを不満に感じている語りが何回かみられている。その背景にあるのは、国籍取得がうまくいかず、北米にいる難民と比べて厳しい帰化条件について不満を持っているからだろう。自分のような人間が日本人の一員として認めてもらえないなら、「だんだん、日本にも（外国人が）いなくなる」「もう（日本は）

中国に取られるよ」(318) などと述べていた。

199 ＊：長いこと団地に住んでいるということですけれども、団地は住みやすいですか。
200 AG：住みやすいですね。住みやすいけど、なんかみんな (ポストや玄関ドアの) 看板 (表札) 変えてるけどさ、何十軒か。そのときぐらい。日本人はあまりいないけど、中国人ばかり。(団地内のマナーの問題で) 私は何回も言ったけど、(みんなは) あまり言わないから。

さらに、技能実習生や留学生のベトナム人たちのことも、「悪い人ばかりで恥ずかしい」(44)、「友人は難民の人と呼び寄せの人だけ」(52) などと、ベトナム人のなかでも難民や家族呼び寄せの人とそれ以外を区別しようとする語りも多くみられた。

42 AG：(中略) 私はもちろんベトナム人だけど、ベトナム人の若い子は難民じゃないから。
43 ＊：ああ、技能実習生とか、[C：そうそう] そういうので、若い子がいっぱい来てますね、留学生とか。
44 AG：うん、留学生とか。みんな悪い人ばかりだから。私は会社でお昼のお弁当を食べるときにニュースで見て、本当に恥ずかしい。病気じゃないから、手はあるし、日本には会社もあるし、何で働いていないの？何でそんな悪いことするの？と。本当はその方はベトナムに帰ってほしいです。

難民出身のベトナム人コミュニティへの強い思いは、コロナ禍で酒を飲んだり、旧正月などの年中行事で集まったりできないことへの不満としても挙げられた。友人が多いAGさんだが、団地の自分の家では大人数が集まるには狭く、団地内に飲食店も少ないため、集まれるスペースを自治会に貸してほしいと望んでいた。

201 ＊：結構ベトナムの友達も多いんですか、団地のなかには。
202 AG：いっぱいいるよ。いっぱいいるけど、家で呼ぶ場所がないから。
203 ＊：あまりないんですか。
204 AG：だから、団地の下で、少し呼んで、家だと、わあわあと。うるさいから。
205 ＊：家に集まると、うるさくなっちゃうから、外で。
206 AG：そうですね。1人、2人じゃないから。
207 ＊：はい、はい。やっぱりたくさんでね、集まりたくなっちゃう。
208 AG：たくさんで、下で。いまは寒いから。いい所を借りたいけど。
219 ＊：店へはあまり行かないんだ。じゃあ、やっぱり外で。
220 AG：外で、全員。店で飲んでるときは、口が悪い人もいるから、若い子。あまりけんかはしたくないからさ。

これについては、団地内での外国人住民の「路上飲み」の通報への対応策として、AGさんが住む自治の会長も「その希望をかなえたいが、県の感染対策の規定で難しい」という趣旨の発言をしている[*3]。

AGさんの両親はすでに亡くなっているが、ベトナムではAGさんの兄が妻の父親の面倒を見ているため、コロナ前には年に1回程度は帰国していたという。聞き取り当時、コロナでベトナムに帰れない代わりとして、携帯電話で連絡を取り合い、銀行から毎月送金していた。他方、AGさんは降雪時には、団地の高齢者のために雪かきの手伝いもしているという。2018年に実施したAGさんへの聞き取りでも、「自分の親にできなかった親孝行を団地の高齢者にしたい」との語りがみられており、今回の聞き取りでも「日本に来られて幸せ」「日本人は心が広い」(42)、「日本は二番目のふるさと」(254) など、難民として日本に受け入れられた恩を強調する、いわば難民の「モデルストーリー」とも取れる語りが特徴的である。

234 AG：雪が降ったとき、おばあちゃんたちがいっぱい

*3　2021年12月10日、団地自治会長への聞き取り。

いるから、滑りやすいじゃん。そのときに、朝起きて、雪取りに来て、きれいに。
235 ＊：えええ、雪かき。
236 AG：そうですね。
237 ＊：それはありがたいですね。
238 AG：自分で団地の通り、道路まで。［＊：道路までね］（中略）私の棟の前だけ。
239 ＊：（自分の）棟の前だけね。でも、それでも助かりますよね。すごい滑りやすくて、ちょっとね。
240 AG：毎年やりますよ、私は。

また、AGさん自身の子ども3人は成人して社会人となっているが、ベトナム語を子どもに教える場所が団地内に必要だと考えていることも述べられた。AGさんの家庭では子どもたちをベトナム語で育てたが、子どもたちはベトナム語をそれほど流ちょうには話すことはできないという。それもあってか、ベトナム語だけでなく、「中国語、タイ語でも」（402）と、団地内の外国につながる子どもたち全体に関わる母語教育の重要性に言及していた。上述の「（マナーを守らない）中国人が多い」ことを不満に思う発言とは対照的で、決して（難民の）ベトナム人だけの環境が整えばよいという考えを持っているわけではないことが窺えた。

(4) ADさんのライフストーリー

アルゼンチン日系人二世のADさんは、大学でデザインを学んでいたが1989年に1年間休学して、神奈川県の工場での就労目的で来日した。1992年には1年間県費留学生として沖縄で留学生として日本語や日本文化を学んだ。2010年に両親を亡くした後、再び出稼ぎのために3度目の来日をした。2011年の東日本大震災後を機に、兄妹家族が住む神奈川県に転居し、2018年の聞き取りでは兄妹家族と毎週教会で会えることを大切にしていた（中澤 2020: 31）。コロナ以降、休みが増え仕事がなくなるなどの就労面での困難さは、女性で一人暮らしということもあり、聞き取りをした4名のなかで最も深刻な状況が語られた。

10 AD：（コロナ後は）いろんな仕事をやりましたね。コロナが始まってから、前の（車の部品の）検査の仕事が少なくなって。
19 ＊1：そうですか。コロナが始まったばかりのころは、検査の仕事がなくなっちゃったんですか。
20 AD：そう、休みが多くなった。
21 ＊1：「来なくていいよ」みたいになるんですか。
22 AD：みんな休みましたね。だから、毎日1時間、あと1週間に1回、休みます。私の場合は。家賃を払わないといけないし。
23 ＊1：給料がもう少なくなっちゃうから。
24 AD：そうです。だから仕事を（介護職に）変えました。

親戚の紹介で介護の仕事に就いた理由は、「一度やってみたかった」「アルゼンチンで両親の世話をしていたから介護もできるかも」（69）である。実際には、入所者の体調についての説明などをするのに自身の日本語力が足りないこともあり、介護士の資格を持った自分より若い中国人やフィリピン人たちが専門的な仕事を担当していた。また、体力的にもきつく、残業はないものの給料が安いことなど、介護職はADさんの予想とは異なっていた。結局、8ヶ月後に介護職を辞め、自動車部品検査の仕事に就いた。当時は、仕事が無くなった南米のスペイン語圏の知人女性たちも介護職に転職する人は少なくなかったという。介護のための日本語習得や介護関連の資格取得を考えなかったか尋ねると、「（結婚している女性は）2人で生活、旦那さんと一緒に生活できるから勉強もできるし。いま私はできない」（126）と、単身女性労働者がスキルアップすることの難しさが明らかになった。

101 ＊2：（介護の）資格を取ろうとは思わなかったの？
102 AD：（いままでペットボトルや機械の）検査の仕事ばかりでしたから。日本語を4ヶ月、少しだけ勉強しました。資格ではなかった。介護のための日本語の勉強を、そういうのだけ、少しだけ。
103 ＊1：いつごろやったんですか。
104 AD：2ヶ月やりました。でも1週間に1回だけでした。
105 ＊1：ああ、そうか。それじゃあ、そんなには使えなかったんですかね。

106 AD：もう終わったけど。本当にタフ（大変）でした。でも仕事があるので、行くのはちょっと難しいですね。

ADさんにとってもう一つコロナ禍での困難は、兄を病気で亡くしたことである。コロナの感染拡大以後の病院の面会制限により、ADさんの兄家族は自宅での看取りを選択した。聞き取り中も兄が亡くなる日の前日の様子を携帯電話のなかの写真で筆者に見せるなど、自宅での兄の看取りについて納得していたようだ。

464 AD：（写真を見せながら）お兄さんね。これは亡くなった日［＊2：前の日］前の日。

465 ＊2：お家で亡くなったの。

466 AD：お家。［＊2：病院ではなく］そう、彼が決めたの。

467 ＊1：お家でいいって。

468 AD：そう。家族がいるから、看取ることができるし。病院だったらできない。

469 ＊2：ああ、コロナだからね。

470 AD：はい。入院したときもできなかった。

471 ＊1：お見舞いに行けないものね、家族が。

472 AD：そうです、病院だったら（看取ることができなかった）。

兄の葬式もキリスト教会に家族だけでしか集まることができず、牧師とともに祈りを捧げただけだった。火葬はしたが、アルゼンチンに戻って祖父母と父母の墓に遺骨を納骨することは、聞き取りの時点で1年以上できていなかった。

ADさんはキリスト教会（プロテスタント）の熱心な信者だが、コロナ禍では日曜礼拝、聖書を勉強する会、祈祷会など年齢別などにわかれての勉強会が、Zoomにより続けられていた。信者を2グループに分け、週ごとに教会での礼拝に行く方法も採られていた。コロナ中でも、SNSアプリケーションや電話を通じて信者どうし頻繁に連絡を取り合ったり、牧師へ寄付を行ったりすることもとくに問題なく続けられているといい、宗教的行為の意味の変容については直接的には述べられなかった。

636 AD：そうね。だから、心配事を全部神様に言います。私たちみんなそう思っている。みんな頑張って続けています、（信仰も）仕事も。

ADさんは団地居住ではなく、集住地域内のアパート暮らしであるため、自治会や地域社会での日本人との関わりは薄い。ただ休日になると、X団地に住む高齢者の訪問を個人的に行っていた。夫婦は教会信者としての知り合いではなく、家族を介して個人的に交流しているのだという。この夫婦には一人息子がいるが、アルゼンチンに住んでおり来日できないため、親戚からADさんがサポートしてはどうかと勧められ、休みの日に定期的に訪問していた。しかし、換気をしない夫婦の自宅への訪問は、新型コロナウイルス感染が心配だという。

536 AD：いま私は心配しています。向こう（高齢夫婦）は「コロナはないから大丈夫、来てください」といわれる。でも、いまはちょっと我慢。最近の2週間前だけとか。[＊2：ああ、そう] 全部窓を閉めているから、空気は悪いし、ちょっと掃除もあまり（されていない）。
537 ＊1：向こうはあまり気にしていない感じなのね。でもADさんがちょっと。
538 AD：2週間前からね。彼女は入院して、2週間経って帰って。でも元気です。

5. 考察

以上、X団地に長年住む外国人住民4名のライフストーリー分析から、得られた知見をまとめたい。

第1に、中高年のニューカマー外国人住民にとっての、コロナ禍において国内外での移動が制限されたことによる影響は以下のとおりである。

まず、すでに退職しているBUさん以外3人の就労面について整理しよう。BOさんは寺院の活動がコロナ禍で活発化しており、寺院の代表や通訳の仕事がむしろ忙しい様子が語られた。AGさんは、以前は頻繁に行っていた海外出張もコロナを機に行かなくなっていたが、各国の入国制限が厳格化していたなかでは、日本国籍を取得できていないということも無関係ではなさそうだ。ADさんは一番若いが、女性で単身であるため、就労面で最も切実な問題を抱えていた。ただし、不安定な雇用状況については、コロナ前の聞き取りの際にもみられていた。また、一時的に介護職を経験したものの、そのことにより日本語力の向上や介護資格の取得などのスキルアップへ関心が向けられることはなかった。

就労以外では、BUさんは毎日のように公園で中国帰国者と交流するなど、コロナの影響はそれほどみられなかった。AGさんはコロナ前のように海外出張に行かなくなったことも影響してか、団地内の難民ベトナム人コミュニティを重視しており、かれらと気兼ねなく集まる場所が欲しいという要求を持つようになっていた。BOさんとADさんは、コロナ禍において親族を亡くすという経験をしており、病院での面会制限や在宅での看取り[*4]、オンラインでしか見舞いや葬儀に参加できないことのつらさのほか、帰国して葬儀参列や納骨ができないことなど、外国人特有の困難を抱えていた。また、2人は、もともと熱心だった信仰活動に対して、コロナ禍を経てより深く関わるようになったとも考えられる。接触を減らすことによる宗教活動の継続の困難というより、共通の危機意識や行動制限がむしろ信仰心を高め、オンラインツールなどを用いた信仰や小グループによるそれへとシフトしながら、今後も外国人住民による宗教活動が活発化することが予想できる。4人とも、母国に戻ることはかなわなくても、コロナ禍で進んだデジタル化へ適応し、母国の親族や友人とコミュニケーションを頻繁に取り合っていたことが特徴的である。

第2に、対象者の出身・入国経緯による共通点と相違点に留意

---

*4　看護の分野では、コロナ禍における介護や看取りを病院ではなく、自宅へ移すことの患者や家族の意味づけの変化も報告されている。家族は介護や死を自宅で迎えることの怖さや不安を抱えつつも、「面会できないから自宅を選ぶ」のではなく、あくまでも患者本人の想いを尊重し「家族で過ごしたいから自宅を選ぶ」など、看病にあたる家族の意味づけの重要性が指摘されている（宇野　2021: 135）。

しつつ、移動の制限を受けたことによるエスニック・コミュニティや地域社会との関わりの変容について読み解いていく。とくに、BOさんとADさんは日本国内での信仰生活の領域においても、早期にデジタル化に切り替えられたことで、日本での生活をより安定的なものにさせたとも考えられる。ただし、ADさんにとって親族ネットワークに加え、キリスト教会での宗教的紐帯は、南米出身者のなかでも数少ないアルゼンチン出身者であること、さらにそのなかでも少数派のプロテスタント信者であるがゆえに、地域社会一般に対しては密接な関係性への意欲がないようにも映る。団地の高齢者との交流も、あくまで家族や個人レベルでの関わりであるとかのじょのなかではとらえられていた。

先に述べたとおり、本調査地においてはコロナ前から自治会、NPO、エスニック・コミュニティによる共助が働く空間であったが、解決が難しい問題も存在した。しかし、BUさんのように、団地内の中国残留孤児や帰国者とは頻繁に交流はするものの、「日本語をよく理解していないから地域社会への関心も低い」(133) ととらえ、かれらを他者化することで、自らの自治会活動の意義を見出す場合もある。AGさんの団地内でのベトナム人の仲間と気兼ねなく集まる場所が欲しいという要求は、「路上飲み」への団地住民からの通報の回避を目的としたものだろう。さらに、技能実習生や留学生の「若い」ベトナム人とは一緒にされたくないという気持ちは、団地内の外国人住民どうしでも来日時期の違いによる心理的距離があるという研究結果(本書第2章; 伊吹 2020b)とは共通しているが、宗教機関を中心にインドシナ難民の定住者たちが、技能実習生や留学生への共助がコロナ禍で促進された事例(本章第2節)とは異なっている。

今回の聞き取りは全員日本語で実施できた人たちということもあるが、ADさん以外の3人は地域社会に積極的に関わろうとしていた人たちである。その意味で、団地内で課題となっている、自治会活動にあまり協力的でない人たちとは異なるため、本節の結論はすべての外国人住民に適用できるものとはいい難い。だが、「留用日本人」の子であるBUさんの自治会活動への参加理由についての語りの、「国民としてやるべきことはやらなければいけない」「日本人だから国籍もあり当然、義務」(129) と対比すると、難民であるBOさんとAGさんの「自分より年上の住民を敬う」「日本への恩返し」（中澤 2020a: 44）とは、参加の理由や動機づけが異なることが明らかになった。本地域で実施したアンケート調査では、ベトナム人にのみ自治会活動への参加意欲が高かったが、こうした「母国で親孝行ができなかった」「日本への恩返し」などの難民特有の「モデルストーリー」に起因するものと推測された。当然のことながら、属性、来日経緯、年齢も異なるため、単純な一般化はできないものの、外国人住民の地域社会への参加の動機づけが、来日経緯と密接に関わっている事例として示すことができる。

本節では、「移動性／非移動性」という概念を手がかりに、神奈川県の集住地域在住の定住外国人4名のライフストーリー分析にもとづき、コロナ禍における国内外での移動制限の影響とその意味づけを考察した。また、コロナ禍というすべての人に共通の困難や危機において、出身・入国経緯による相違点を明らかにし、中年期から高齢化を迎えつつあるニューカマー外国人たちのエスニック・コミュニティ活動や地域社会との関わり方を例証した。本団地では、ニューカマー外国人の高齢化や孤立問題が浮上していることは第1章でも述べたが、かれらが地域社会へ参画する際の要因や条件についてもインプリケーションを得られた。コロナ禍におけるトランスナショナル家族にとっての看取りや死の意味の変化までは明示的にできなかったものの、コロナ禍で進んだデジタル化へ適応し、母国の親族・友人や国内の同国人との連絡を頻繁に取り合うことで、帰国が難しいなかでコロナ禍の日本での生活をより安定的にしていることが推察できた。

これらの知見より、過去の災害時における外国人住民が置かれた状況の連続性のなかで、危機的状況を移住先で過ごす／乗り越える経験への意味づけ、就労以外の領域でのネットワークが受け入れ社会への帰属意識を規定することを考慮する必要性を確認した。その場合、移民の個人的な体験といったミクロな視点と結び付けて解釈していく重要性を示した点で、今後の移民研究の進展に寄与するものと考えられる。

先行研究では、ニューカマー外国人住民が職域以外の、地域社会やエスニック・コミュニティとどのような関わりをするのか、わけてもここで取り上げた中年期から高齢期外国人のエスニック集団間の違いについては、ほぼ描かれてこなかった。コロナ禍という共通の困難の経験を通して、信仰、トランスナショナル家族の病気や看病、死や弔いといった要因も、日本や地域社会への帰属意識を規定する可能性が示唆された。こうした知見を積み重ねることで、コロナ禍における移民の社会的統合についての解明にもつながるだろう。

第2節 コロナ禍における共助——支援団体の事例から

本節では、コロナ禍における外国人住民の移動／非移動性という視点から、団地内における外国人住民と日本人の共助について考えてみたい。団地内で外国人支援に携わる5団体に対するインタビューから、外国人住民の移動性／非移動性を通した共助の変容を考察する。なお、ここでの「共助」とは、自治会、NPO、支援団体、同国人ネットワーク、近隣関係、友人など、おもに地域社会における助け合いのことを指す。

1. 危機を乗り越えるための「公助」と「共助」

鈴木（2021: 20）によると、在留資格、雇用保険に加入していないなどの脆弱な就労状況、日本語を解さないなどの理由から、支援を必要としている外国人ほど失業・休業手当、生活保護といった公助から排除されている現状、すなわち「セーフティネットの逆転現象」があるという。ことばの壁ゆえに制度について知らない外国人も多く、情報は受け取れても、窓口でのやりとりや申請は日本語であるために、実態として排除されやすい（鈴木 2021: 17）。公助からこぼれ落ちた人々を支えているのは、「共助」の力であり、コロナ禍の困難を乗り越えるためのセーフティネットなのである。

こうした共助に、エスニック・コミュニティや移民コミュニティといった移住者たちのネットワークやコミュニティはどれだけ寄与するのだろうか。古典的な同化論においてはエスニック・コミュニティへの固執はホスト社会への適応を遅らせるといわれたが、異国での慣れない生活に対する自助作用や「トランスナショナル・ネットワーク／コミュニティ」（Faist 1998）が再評価されている。これには、別の側面もある。出身地の家族やコミュニティへの義務が負担となるなど、同国人だから一様に信頼関係が形成されるとはいえず、むしろ移民集団間には階層（母国／日本）、出身地、宗派、出身国での政治的立場、世代、ジェンダーなどの違いから、対立関係や相互不信が存在する場合もある。そもそも、日本国内での同国出身者のネットワークは社会統合に影響するほどのつながりを持ちえていないとの指摘もある（永吉 2021: 245）。これらの知見を前提に、パンデミックがかれらの共助へ与えた影響を考察する必要がある。

コロナ危機の一方で、オンラインで可能になったことが増えるなど、ポジティブな側面も明らかになった。普段からトランスナショナルなネットワークを確立していたかれらだが、オンラインによって促進された共助はどのようなものなのだろうか。これに関しては、通信手段のインフラと社会関係資本の両方から検証する必要があるだろう。ただし、コロナ前から存在する偏見や差別に加え、今回の感染症の拡大のような社会的な不安は、容易に差別的な言動や行動、排外主義につながりがちだ（松尾・森 2020: 2）。コロナ感染という命の危険を前に、他人のマスク着用や路上飲みなどの規範をめぐって人々は敏感になり、監視社会をも容認してしまうおそれも指摘されている（大澤 2020: 32）。東日本大震災の際にもいわれたことだが、平時から信頼関係を構築していなければ外国人に必要な情報は伝わらない（鈴木 2021: 17）。共助とは非常時にのみ発揮されるものでも急に醸成されるものでもなく、平時からの関係構築が重要なのである。

先行研究にもとづき、以下の3つのリサーチ・クエスチョンを提示する。(1) コロナ禍は外国人住民たちの就労や生活に、どのような影響を及ぼしたのか。(2) コロナ禍で高まった外国人住民の非移動性は、共助にいかなる変容をもたらしたか。(3) コロナ前よりトランスナショナルなネットワークを築いていた外国人住民たちにとって、さまざまな移動の制限があるなかで、対面を超えた新しい共助の「場」や「空間」が形成されているのか。

以下で用いるデータは、本地域において外国人住民の支援に関わる5か所の団体の代表（自治会は会長）に対して行ったインタビュー調査である。5団体の選定理由は、コロナ前より10数年〜20年にわたり外国人住民への支援活動を行っており（表5-2）、コロナ前後の変化を確認できるからである。2021年11月に集会所や団体事務所で1〜2時間程度尋ねた半構造化インタビューを実施し、事前・事後の調査は電話や書面により行った。質問事項はリサーチ・クエスチョンにもとづき、以下のとおり設定した。

表5-2　調査対象団体の概要

団体／仮名（インタビュー日）	団体の概要	活動・支援内容	支援対象者	活動開始時期
A市自治会R2会長（2021年11月10日）	A市県営住宅の自治会	自治会活動（外国人対象：多文化共生・交流）	すべての団地住民	1972年（R2会長は15年）
B市自治会R3会長（2021年11月12日）	B市県営住宅の連合自治会	自治会活動（外国人対象：多文化共生・交流）	すべての団地住民	1972年（R3会長は15年）
N1団体（2021年11月24日）	NPO法人	難民の自立につながる定住支援（日本語、生活相談等）	外国人住民（おもにインドシナ難民定住者）	1986年
N2団体（2021年11月24日）	ボランティア団体	外国人の生活支援（日本語、学習補習、生活相談等）	外国人住民（おもに団地在住）	1994年
N3団体（2021年11月24日）	仏教の宗教団体（神奈川支部）	仏教の布教・文化交流	おもにタイ人、ラオス人、日本人信者	2008年

（1）外国人住民がPCR検査や新型コロナウイルス感染（濃厚接触者）の際に困難が生じた例、（2）外国人住民の労働時間短縮・休業・解雇などによる収入減少や経済的困窮などの例、（3）新型コロナウイルス感染症にともなう政府による給付金・休業支援金の手続き、ワクチン接種など、外国人住民にとって理解するのが難しい手続き、（4）国内外の移動制限により支障が出た例、（5）行動制限により居場所を失ったり孤独感を募らせたりした外国人住民の例、（6）休校期間中の家庭学習や居場所に苦労した外国人家庭、（7）オンライン化を通して外国人住民の受け入れや支援が変化したこと。インタビューは許可を得てICレコーダーに録音し、各団体14,000～37,000字程度のトランスクリプトを作成した。

分析の方法は、スクリプトにもとづき、（1）聞き取りの対象者がコロナ禍における共助の「課題」だととらえた事柄、（2）それに対する対象者の認識、（3）対象者個人や団体の（1）への対処の語りに着目した。まず、コロナ禍における外国人住民の移動性と非移動性が共助に与えた影響を明らかにした上で、コロナ前から続く共助のコロナ後の変化の有無についてその要因に対する分析を行った。

2. 移動性と非移動性から見るコロナ禍における外国人住民の生活

（1）就労・生活面への影響

第2章でも述べたとおり、本地域は複数の工場地帯に近く、男女ともに派遣業者を通して派遣社員や契約社員として雇われ、コロナ前は比較的安定した雇用状況にあったといえる。男性は自動車部品などの製造業、女性は食品加工などの軽工業の工場で働く者が多かった。インタビューでは、数十名規模の外国人が働く企業の倒産や解雇など、2020年の状況が語られた。N1団体では2020年6月以降、2企業の倒産と2企業の解雇の情報を把握していたという。

> 16 N1団体：やっぱり（外国人が）一番先に切られるっていうことで、この近辺で。ここ（業務用おしぼりレンタルの会社）は女性の方たちが結構たくさん勤めていたんです。結構生活が切羽詰まってきて困ってきたということで。で、とくに女性がかなり家計を助けていたのに、そこでの収入が断たれたということや、「ちょっとお休みして」っていうことをいわれたっきり、連絡がもらえないで結局収入がゼロの状態が続いているという方がいらっしゃいましたね。

聞き取り時点では、「時間短縮だったのが少し増えてきて、週2日から5日（勤務）になった」（R2）、「100%ではないが、徐々に仕事が戻ってきた」（R3）など2人の自治会長からも復調傾向は聞かれたが、N2団体からは2021年10月の聞き取り当時のほうが深刻との指摘があった。

> 8 N2団体：とくにいま、今月いっぱいで雇用打ち切るみたいな話も結構出てるので。そこから再雇用されるかどうかはちょっとわからないとかっていう人が何人かいる。（中略）今のほうが深刻な気がしますね。去年（2020年）は国の休業手当とかもだいぶもらってたんですけど。いまは本当に仕事がなくて収入も減っていくし、場合によっては解雇も増えているんで。徐々に時間が経てば経つほどに厳しくなっている気がしますね。（中略）
> 13 ＊：たとえば男性がとか女性がとか（違いは）？
> 14 N2団体：男性のほうが多い気がします。車産業が多いので、車産業は車の部品が入ってこなくて製造が進まないみたいなところも多くて（中略）。
> 15 ＊：女性はいろんなタイプの仕事がありますよね？

16 N2団体：そうですね。一時は女性が（食品製造などの）スーパーのほうが忙しいという時期もあったし。

コロナ禍が長期化するにつれ地元経済への影響も深刻で、製造業に従事する男性労働者への打撃のほか、男性（夫）の収入を支える女性労働者の雇用に至るまで、さまざまな形で影響が出ていることがわかった。それでも、かれらのほとんどは日本に留まって働き続けるという選択肢しか残されていない。リモートワークができる職種に就いている外国人はほとんどおらず、感染の少ない国内の他地域へ逃れる選択肢などは、当然ながらない。

仕事が減らされたり仕事を失ったりという厳しい状況に立たされていることには変わらないが、県営団地の賃料は高くなく、収入減による家賃の減免措置などのセーフティネットに守られていることも確かである。第3章でふれたコロナ前のR2、R3会長への聞き取りでは、休日もなく夫婦で働き近くの一戸建てを購入して団地から引っ越した外国人家族の勤勉さについて述べられていたが、そうした動きはコロナ禍においてはなくなったことや、購入した住宅のローンの支払いに苦労する事例が聞かれた。

（2）移動／非移動性とその影響

意思にもとづく非移動性としては、コロナによって顕著になった外国人住民の非移動性の側面が浮き彫りになった。感染を恐れて外出をしない、子どもに外出や登校を厳しく控えさせるなど、とくに2020年春の時点で母国での感染が深刻だった中国人にその傾向が顕著だったという（N2団体）。またR2会長によると、対面で再開された自治会の会議にも感染を恐れてか外国人の代議員の多くが出席しなかったというが、これに関してはコロナ前より課題となっていた外国人の自治会活動への関心の薄さと無関係ではないだろう[*5]。

*5　滞日年数や日本語能力と自治会・町内会への参加には関連がみられないとの指摘がある（石田・龔 2021）。本地域の外国人住民の自治会活動参加もそれほど積極的ではないが、生活者としての評価や承認欲求から活動する例もみられている（中澤・坪谷 2020）。

意思にもとづかない非移動性としては、日本では2020年9月まで在留資格を持っている外国人の再入国ですら厳しく制限していたが、これ以外にも、航空便が止まって日本へ戻れなくなった例や、出産時に母国の親族に手伝ってもらうための短期滞在の在留許可が下りず、出産する母親の入院中、父親が仕事を休んで上の子どもたちの面倒を見なければならなくなった例などの相談が数多く寄せられたという（N2団体）。N3団体の代表はラオス人であり、母国との往来に支障が生じた例や、自身も含め母国の親族の見舞いや葬儀にも参列できない人が少なくないことが語られた。

> 294 N3団体：2020年の春、8人くらいラオスに行って、そのまま日本に戻ってこれなくなって、いまもそのままの人がいる。コロナで飛行機も止まって。たとえば、両親が亡くなったからラオスに行きたいといってもダメだから、だからみんな我慢するから。（中略）（母国の親族が）大きい病気とか亡くなったとき、帰りたいけど無理。コロナ前はすぐ戻ってお見舞いや葬式に出られたけど。もし日本国籍取ったら問題ないかもしれないけど、外国人だとちょっと難しいと思う。

またこの団体では、タイから僧侶が呼べないこと、説法会等の宗教行事が対面で開催できないこと、子ども向けの仏教やタイ語を学ぶサマープログラムも開催できないことなど、ともに祈るという宗教活動に大きな支障があったことが挙げられた。

団地内での外国人どうしの集会にも大きな影響が出ている。緊急事態宣言の発出とともに、県から集会所休館の要請が出された。宣言解除後は、距離の維持、体温計測、名簿の作成などを条件として使用も許可されるようになったという。コロナ前には、B市側の団地では50〜60名のインドシナ難民の定住者が参加する出産祝いや誕生日会のために集会所が使用されていた。しかし、距離を保ちながら使用すると、多くても20名程度しか入れられないため、断念してもらう例も少なくなかったという。また、インドシナ系住民の葬儀も100名ほどが参列するが、通夜と葬式の2日間では終わらず3〜4日間続くため、葬儀社よりも集会所で行えば安価にできることから、コロナ前には集会所での葬儀がしばしば執り行われていた。しかし、コロナ禍においては、葬儀のための使用を断わらなくてはいけなかったという。

> 92 R3：一つね、かわいそうだなと思ったのは、亡くなったので、「葬儀で（集会所を）貸してくれ」と来たんですよ。それもやっぱり、葬儀の場合もかなり混むから、それも理由をいって、近くの斎場を紹介してね、行ってもらいましたけど。本当は使ってもらいたかったけど、それを使ったことによって、また感染したとか。［＊：クラスターとかね］県のほうにもまたいわれるから。（中略）それからは、そういう連絡が来ないようにって願っていまして、コロナ禍の間は。

また、コロナ前より、夕方から夜間にとくに男性外国人が集会所近くなどに集まっている様子を筆者は頻繁に目にしていたし、日本人住民からの苦情が寄せられることを、A、B両自治会の聞き取りでも指摘されていた。だが、コロナ禍で仕事が減ったせいか、夜間のみならず昼間にも集まることが増えたことから、会長や管理会社への苦情も増えたという。

> R2（書面による回答）：2021年の夏、外国人住民数人が団地の片隅で、土日の昼間に酒席を開いていた。コロナでなかなか集まれないし、たまには良しとはしたかったが、住民から通報があったため、現状をお話しして解散してもらった。

> 133 ＊：だいたい夜に集まるんですか。何時ぐらいから集まるんですか？
> 134 R3：そのときは昼間でしたよ。10時からお昼過ぎまででしたね。（中略）平日です。コロナで会社がだめになったとか、行かれなくなった人が来てんじゃないかと思うけど。そこ（集会所の前）でもって、（中略）。コロナでもってかなりストレスがたまってるんだなと思いましたけどね。（中略）
> 141 ＊：だいたい男性なんですか、こういうことをやるの

は。女性もいるんですか？

142 R3：全部、男性です。（中略）日本人も一緒に飲んでるから、外国人と一緒に。だから外国人だけが悪いといえないんですよね。日本人も入っちゃってるから。でも、団地の管理会社のセンターにも苦情が行っちゃったんですよ。

こうした住民から寄せられる苦情に対して、2人の会長ともに「気持ちはわかる」（R2）「別に悪いことをしているわけじゃない」（R3）などと比較的寛容な態度を示していたが、日本人住民から厳重な対処を求められ、対応に苦慮していた。これを受けB自治会では、路上での飲酒を禁止する看板を立てることも検討したという。

3. コロナ禍における共助

（1）日本人との共助

コロナ以降はすべて中止となってしまったが、A、B自治会ともにコロナ前より外国人住民を対象とした交流会やバス旅行などを企画しており、好評を博していた。そのような素地があったからか、感染症への恐怖という日本人住民と共通の危機感を持っていたからか、コロナ禍における団地内の「雰囲気は悪くなかった」とR3会長は述べた。

8 R3：「われわれ（外国人）が感染したら困るから」っていう。まあ、もちろんね、団地に迷惑をかけないっていうことを前提に話していたと思うんだけど。皆さん、本当に理解してくれたっていう、とてもいい雰囲気でした。

両自治会長からは、図らずも新型コロナワクチンの接種情報をめぐって外国人と日本人住民の「団結が強まった」という語りが共通にみられた。接種が開始されたとはいえ、市のワクチン専用コールセンターに電話しても、なかなか電話がつながらない時期があった。そんななか、外国人住民のほうが接種に積極的で、遠くの大規模接種会場まで行かずとも接種券を持っていれば団地近くの病院でワクチンが受けられる、隣市の接種券でも受け付けてもらえるなどの情報が外国人住民から日本人住民へ回ったという。とくに高齢者が多い団地の日本人住民にとっては、こうした情報が役に立ったという。

52 R2：（ワクチン接種から）漏れてる人がいたらいってくれっていうことも聞いたんだよ。でも、外国籍のほうが敏感。日本人よりも。（中略）そういう（ワクチンの）副反応よりも、早くみんなそれよりも［＊：もう早く受けたいみたいな］。そういう信念を持ってるんで。（中略）一応私も気になってですね。何回か、ベトナムの方で知っている人がいたから（聞きに）行ったんですよ。打ったか打たなかったかと。そうしたら、もう私より上回ってた。
53 ＊：情報が？
54 R2：うん。要するに情報は自分で得て、すぐ前の家の日本人のおばさんに教えてあげたとか。そういう風な形でやってくれたんですよ。

R2会長によると、外国人のなかでも最も高齢化が進む中国帰国者たちは、親族ネットワークのなかでの生活が成立しているために団地内のルールが守られないことなどの課題が挙げられたが、国籍にかかわらず活発に自治会活動に参加してくれる人もいるという。そこでは、コロナ前からの交流や人間関係が重視されており、コロナ禍にあっても外国人と日本人の心の「隔壁が取れた」と述べている。また、コロナ禍における自治会活動では日本人にも共通する問題として、心の「疲弊」や「ストレス」という面への配慮が必要になっているという。A自治会ではかねてから空き家率が高いことから、その1室を現在の集会所よりも近くて気軽に使える住民たちのコミュニティ・スペースとして活用したいと考えていた[*6]。

498 R2：やっぱり疲弊しているのは確かなんだから。（経済的な）困窮はともかく、疲弊してるのはみんな一緒なんだよ。日本人と外国人の隔壁だけは取れたんじゃないかな

---

*6　2022年11月よりこの自治会では、県住宅課から空室を無償で借り受け、自治会活動や福祉活動の場として使用できることになった。

と思うの。まあ全部じゃなくても七〜八分は取れたんじゃない？（中略）要するに、日本人と腹を割って話す場所がないんだよ。それを作らないと、最終的には、（市や区の）共生事業っていうのは難しいんじゃないかなと思う。

284 R3：みんな不満はないんだけど、ストレスがたまってきてますね。（中略）ストレスっていうのは目に見えないけど、結構精神的にはね、きついものがありますから。自分はストレスを感じていないっていっても、必ず心の底では何か感じているはずですから。

（2）同国人どうしの共助

コロナ禍における同国人どうしのネットワークはどのような機能を果たしているのだろうか。新型コロナウイルス感染症にともなう政府による給付金、休業支援金の手続きなど、日本語を解さない外国人住民にとって難しい手続きが多かったが、これらの相談は自治会や支援団体にほとんど寄せられなかったという。「お金のことだから、みんな必死で、自分たちでやっていたようだ」（N1団体）、「同国人どうしの団結が強いように感じた」（R3）など、同国人ネットワークの情報伝達の速さと強固さに対し同様の認識を持っていた。

R2会長によると、ベトナム人の高齢者夫妻から電話があり、近くに住んでいる若いベトナム人の姿を数日間見ていないのでコロナに感染したのでは、という電話連絡が会長のもとに寄せられた。N2団体の通訳を介して問い合わせてもらうと、その若いベトナム人は陽性の同僚の濃厚接触者になってしまったため、自宅待機をしていたことが判明した。会長は念のため保健所にPCR検査などの情報を確認しておいたが、そのベトナム人は無事に職場に復帰したという。この出来事をR2会長は、「世代を超えた同国人どうしのつながりが深まった」と好意的に受け止めていた。

N1団体も、コロナ前はインドシナ三国における内戦時の政治的体制の違いから団結することの難しさを感じていた。しかし今回は、幅広い年代や関係など複雑な心情を乗り越えて、インドシナ難民の定住者と現政権の留学生とが連携し、SNSで全国的に情報を拡散して留学生や技能実習生に食料[*7]を届けたことが印象的だったと語った。さらに、複数のカンボジア人コミュニティでは仏教寺院を拠点として、助成を行う財団の理事長にN1団体を介さず直接陳情し申請も直接自分たちで行うなど、組織力を蓄えることにつながったと指摘する。

> 304 N1団体：それぞれのコミュニティが力を持つっていうのはすごく大事だなということです。（中略）自分たちで申請をして、問題もあったらしいんですけれども、でもやっぱりそういう大きな組織（財団）からお金をもらって支援物資を届けたのはすごくいい取り組み。（中略）そこをもっと促したらいいんだろうなって思いますね。

（3）コロナ禍のなかで進んだデジタル化とそこから抜け落ちる人々

先に述べたとおり、国や自治体からの支援情報や食料支援などの場面で、コロナ前からスマートフォンなどオンラインでのやりとりを活発に行う外国人のトランスナショナル・ネットワークがコロナ禍により活性化したという見方もできる。N3団体の宗教行事もオンラインで行われることが一般的になったという。2020年末頃からは、タイや日本の支部寺院をZoomで結び、説法会を開催して寄付は郵送で送る形で活動を続けている。また、親族の見舞いや葬儀を携帯電話のビデオ通話でつなぐ方式へ変わっているという。こうしたデジタル化は、対面や書面中心の自治会活動とは対照的だ。日本でも自治会の会議がオンライン化されたり動画配信されたりするなど、デジタル化が進む地域もあるが、高齢者が居住者の多くを占める本団地では不可能に等しいという。

しかしながら、外国人住民がすべてにおいてオンライン・ネッ

---

*7　N1団体が行った食料支援活動の例からは、多くのインドシナ出身者が望む米や缶詰のような重量のかさむ食料送付にかかるコストと、日本と異なる食文化の課題が指摘された。この団体では当初、廃棄される商品を提供するスーパーや生活協同組合などが行うフードドライブを利用しようとしたものの、味噌などインドシナ出身者があまり食べる習慣がない食品が多く、今後は外国人向けのフードステーションの必要性もうったえていた。

トワークの恩恵を受けていたかというと、消極的な層、アクセスできない層や抜け落ちてしまう人々の存在がインタビューで明かされた。その一つの例が外国人の子どもである。施設の閉鎖による支援活動への制限のほかにも、N1、N2団体からはオンライン学習についての難しさが挙げられた。日本人と比べても比較的整っているWi-Fi環境にもかかわらず、外国人家庭ではオンライン学習を行うことは少なく、学校から個人に配布されたタブレットも家庭ではあまり活用されなかったという指摘がなされた。N2団体では、オンラインによる指導を希望する子どもはほとんどおらず、対面での指導を続けるしかなかったという。

> 66 N2団体：まあね、日本の方だったらまだね（休校期間中）親がやること考えてやってたというのもあるんでしょうけど、（知っている範囲の外国人家庭では）あんまりそういう空気はなかったですね。（中略）
> 69 ＊：ひたすらゲームと動画視聴ですか？
> 70 N2団体：はい。本当にそればっかりだったんじゃないかと思いますね。まあ、親も家から出なければそれでいい（安全）みたいな感じもありましたね。

このほかにも、情報へのアクセスに複数のハンデを抱える人の例を挙げておく。団地に住み生活保護を受けているにもかかわらず、高齢で、日本語を解さず、SNSなどの同国人ネットワークにもつながっていない60代のラオス人男性の事例である。

> N3団体：奥さんがラオスにいるから、本当はラオスに帰りたかったがコロナで帰れなくなってしまった。コロナで仕事もなくなってしまい、仕事を探したがみつからず、生活保護を受けることになった。この方は、（10万円の特別定額）給付金のことも知らず手続きをしていなかった。友人から聞いて、自治体の申請締め切り直前でギリギリ間に合ったんだけど。それから、ワクチン接種も、接種券は日本語でしか書かれていなくて。
> ＊：本当だったら高齢者なので早めに受けられる年齢だったのに？

N3団体:なかなかわからないから、接種が遅れた。私がコールセンターに代わりに電話をかけてあげた。B市の接種券には接種できる病院の情報が書いてあったけど、(その人が住んでいる)A市のほうはコールセンターの電話番号しか書いてなかった。近くの病院もいまは(2021年11月当時)インフルエンザの接種しかやっていなくて(遠くなってしまうが、コロナワクチンを打てる接種会場を探すしかない)。

以上のように、公助においても共助においても、やはりWi-Fiなどの通信環境や情報格差がネックになっていること、また高齢者や子どもの学習支援などでは対面でしかつながれないコミュニケーションや支援の難しさも浮き彫りになった。公営団地というセーフティネットに守られている場所に住んではいるものの、コロナ禍のデジタル空間から取り残されてしまいがちな世代や層など、コロナ前には見過ごされがちだった脆弱性があぶり出された。

4. 考察

コロナ禍において、外国人労働者の不安定な就労状況が長期間続いており、とくに製造業に就く男性のなかで休業や失業が深刻化していた。対象地域の外国人住民の多くにはリモートワークという選択肢はなく、仕事がある限り出勤し続けるしかない。他方、母国と日本の国家間の移動制限は外的な要因による非移動性が高まり、トランスナショナルな家族生活の多くの部分で支障が出ていた。感染を恐れて家に留まり続けたり、自治会の会議を欠席したり、休校中子どもの自宅学習を行えないという事例からは、コロナによって自発的に外国人住民が非移動性を高める側面が浮き彫りになった。これらの行動は日本人にも共通するが、母国での深刻な感染状況や行動制限に影響された準拠枠となり、外国人特有の要因が関わっていた。移動性と同様に、非移動性を見る際にも、複数の準拠枠があることが示唆された。

コロナ前からの日本人と外国人住民の交流に取り組んでいたR2、R3会長ともに、パンデミックのような大きな危機に瀕してもかえって「団結が強まった」と語られ、団地内での混乱もなかったことや、ワクチン接種情報をめぐって外国人住民から日本人住民へ情報提供がなされたことなどポジティブにとらえられていた。外国人住民が支援を受けるだけの存在ではなく、同団地では東日本大震災の際にN2団体を中心に、外国にルーツを持つ若者が被害状況の見回りや日本人高齢者の避難支援をしたほか、R2会長の自治会でも10年以上防災対策に取り組んでおり、これらがコロナ禍にも「役立った」とR2会長は評価していた。コロナ前からの関係構築の素地により、対面での接触が減っても共助が促される可能性が示唆された。

その一方で、母国の規範意識に準拠し自主的に厳しい外出自粛を行っていた例とは反対の事例として、外国人住民の路上飲みがある。感染病という危機を目の前に、人間は監視社会をも容認してしまうおそれがあることを述べたとおり（大澤 2020: 32）、団地のような空間では他人の行動に対してどうしても敏感にならざるをえない。政府からの路上飲みへの制限が出されていた時期でもあり、直接注意をしないで「通報」することは全国的にもみられている。これについては、コロナ前より直接伝えられず「通報」という形が続いており、上述のコロナ禍における「良好」な関係や「団結」とは対照的だ。今回も「通報」や管理会社による看板の設置が検討されるなど、日本社会側からの一方的な伝達方法が取られがちで、住民間のディスコミュニケーションが解消されたとはいい難い。仕事が減って昼間から路上で集まる外国人住民たちに対して2人の自治会長たちが理解を示していたのとは対照的に、住民間の対話や交流がなかなか進まない部分でもある。本地域のような「多文化共生」の取り組みが「先進的」といわれる地域であっても、日本人住民からは「日本のルールを守らない外国人住民」の「問題」ととらえられがちであることが明らかになった。

日本のエスニック・ネットワークはインフォーマルなレベルにとどまっており、社会関係資本としての機能が十分ではない（永吉 2021）という先行研究とは異なり、本節では、とくに経済的な利益につながる事柄について、情報伝達の速さや強固さが顕著にみられた。さらに、母国の世代や立場を超えての支援の広がり、そして、同国人コミュニティの組織力が向上した点は、「自立」「自助」や「連帯」と支援者からも好意的にとらえられており、これについてはコロナ禍が外国人住民の社会資本を促進させた契機になったと考えられる。また、デジタルツールを活用した母国の親族の見舞いや葬儀、そして信仰の領域においては、かれらの意思にもとづかない非移動性という条件下で、対面を超えたコミュニケーションが進んでいることがわかった。とくにN1団体の傘下の団体やN3団体のような宗教的信仰で結ばれたネットワークは、不安が高まるコロナ禍のなかだからこそ活発化したとも考えられる。

しかし、子どもの教育の例からは、オンライン学習を希望する子どもも少なく、感染を恐れるあまり教室や学習支援室に来なくなってしまった場合、対面でしかつながれないコミュニケーションや指導の意味を考えなければならない。通信インフラが整ったとしても、外国人住民の非移動性が共助を阻む原因ともなりうることが示唆され、現時点での共助の限界も示された。

本節の第1の問いである「コロナ禍は外国人住民たちの就労や生活に、どのような影響を及ぼしたのか」は、外国人住民は就労面において日本の（地域）経済側の影響をより受けやすい傾向にあるが、生活全般の移動性と非移動性を決定するのは日本のみならず母国の行動規範に準拠していることがわかった。第2の問いの「コロナ禍で高まった外国人住民の非移動性は、共助にいかなる変容をもたらしたか」は、共通の危機による連帯感の醸成という要因も大きく、部分的ではあるが日本人と外国人、同国人どうし、いずれにおいても共助が促されていた。第3の問いである「コロナ前よりトランスナショナルなネットワークを築いていた外国人住民たちにとって、さまざまな移動制限の下、対面を超えた新しい共助の『場』や『空間』が形成されたか」は、現段階ではオンラインはあくまで対面の代替的な手段に限定されており、両者の価値が逆転するとはいい難い。ただし、第1節でみたとおり、余暇や信仰のためなど、オンラインツールをよく使っている人ほど生活を安定的に導いていることがわかる。むしろ、コロナ禍において広がったデジタル空間から取り残される人々との間に格差が広がるおそれを指摘しなければならない。

第6章

多様性を受け入れる団地とは

—定住とトランスナショナルなつながりが共存する可能性と課題—

〔図6-1〕ビフォア／アフターコロナの移民集住地域における自治や共助

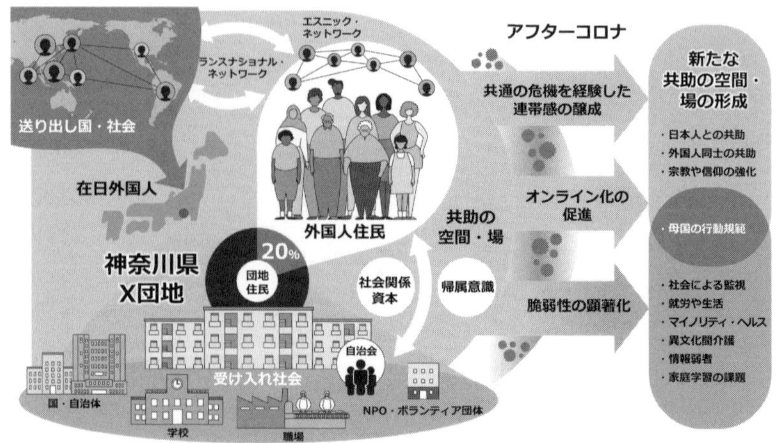

（出所）筆者作成

ここまで、外国人住民が団地に住み続ける意味について、とくに就労以外の移住者の「編入」の規定要因およびその様式はなにか、定住とトランスナショナルとが共存する生き方に焦点を当てて論じてきた。以下では本研究の結果の含意を点検しながら、日本における郊外団地と移民の関係性について今後の可能性と課題を展望していきたい。

図6-1は、本書で検証した仮説を総括して図式化したものである。

1. 外国人が団地に住むということ

本地域の地理的位置づけに関しては神奈川県の中西部に位置し、最寄り駅まではバスや徒歩で30分ほどはかかるものの、都内や横浜にも電車で通勤が十分に可能で、交通の利便性は確保されている。戦前から振り返れば農地を地主が所有するパターンで、産業としては戦前から製造業の工場があり、戦時中には軍用地としても使用されていた。米軍基地にも近く、産業構造としては自動車や機械といった製造業を中心に安定的な雇用が提供されている。この団地に住む日本人住民の多くは高度経済成長期に家族で引っ越してきた人たちが基礎となっていることがわかる。

とくに本地域は在日韓国・朝鮮人などオールドカマーの外国人

を受け入れてきた地域ではないため、ニューカマーを受け入れて来た典型的な地域ともいえる。この意味では本地域における経験のすべては、1980年代のインドシナ難民の日本定住から始まる入国管理や移民政策の試金石の場ともいえよう。いま一つ重要なのは、日本の高度経済成長を支えてきた郊外団地の持つ社会福祉的な役割が、半世紀以上を経た現代における含意を考察することである。

1990年代より、地方自治体による国際化および多文化共生政策は国家に比べ、日本では受け入れ現場である自治体先行で行われてきた。とくに神奈川県および県内の市町村は、1990年代から全国にさきがけて「内なる国際化」、地域の国際化政策、多文化共生施策を打ち出したことで本地域における外国人受け入れに大きな役割を果たした。こうした要因により、外国人住民にとって病気や収入の減少などの際にも団地がセーフティネットとなっていることは確かである。30年以上団地に居住する者や二世代にわたって団地に住み続ける者もおり、第2章で扱ったアンケート調査の結果からも、概してこの地域への定住志向の高さが顕著であった。また、外国人住民が日本人住民からどう受け止められているかについては、エスニック・グループごとの違いは相対的に少なく、多国籍であることからもおしなべて同じように受け入れられているようにみられる。一方、国籍による移動志向の違いはみられており、中国人が最も移動志向が強く、逆にカンボジア人と南米出身者の2集団は定住志向が強い集団であることがわかった。また、より広い住宅を求めてX団地周辺の別の公営住宅に引っ越したり、周辺の住宅を購入したりして団地を出ていく外国人団地を出る層（30〜40歳台）もいるが、それでも団地から離れた地域に住むのではなく、何らかの形で団地のエスニック・ネットワークや社会関係資本を利用する傾向もみられた。

とくにこの地域においては、NPOやボランティア団体が協力する形で、小中学校が多文化共生の拠点になってきた。こうした子どもの学校や教育という要因が、就労よりも定住を規定する要因となるのかという問いを本研究では立てた。富裕層の住民にとっては、子どもの教育のために、進学校のある学区を選択する傾向は普遍的にみられるが、「X地区で通学させたいから団地に住み続ける」という外国人の親の希望はどこからくるものなのだろうか。移民の第二世代の統合に大きな役目を果たす公教育という場が、本地域の多文化共生や定住意識に影響を及ぼしているという側面もわかった。高橋はこの地域における「多様性を受容する学校教育という学校経験」が、定住の不安定性を克服する要因となると指摘した（高橋 2020: 50）。親の転職を理由とした引っ越しの際にも、子どもが日本の学校での差別やいじめを避けることが重視されていることがわかる。ただし、第3章で明らかにしたとおり、ほとんどが日本生まれ日本育ちの第二世代の子どもたちとなった現在でも、高校進学は果たせても卒業や、その先の進学や就職についての困難、そして団地を出た後の差別や排除の再生産が解消されているわけではない。

先行研究で指摘されていた不動産所有、起業・投資などの母社会とのトランスナショナルなネットワークについて、こうした要因が日本社会への統合をどう規定するか解明しようとした。第2章のアンケート調査の結果でも、半数以上の者が母国への送金を一度もしたことがなく、母国で家や土地を購入した者も1割にも満たなかった。これらの結果は、当初の予想より低いものだったが、南米出身者と比較してアジア地域の出身者のほうが、送金頻度や1回の送金額も高く、送金を通じた母社会との紐帯を持ち続けていることも明らかになった。第4章で取り上げた中国人男性は中国で長年働いていたため、中国の年金をATMから日本円で受給できる将来的な見込みも語っていた。きわめて稀なケースといえるが、日本の医療体制が整っていることなどを理由に、定年後の生活を日本で過ごそうとする新しいタイプのトランスナショナリズムの出現ととらえてもよいかもしれない。

外国人住民へのインタビュー調査からは、母国とのネットワークや規範意識にも依拠しながら暮らす人たちによる先行研究で言及されてきたレベルに留まらない母社会とのつながり方の事例が多数みられた。団地というより同化的な力が働きがちな「社会装置」の場での生活のなかで、外国人住民が維持するトランスナショナルなネットワークとの両立や重層性は看過すべきではないだろう。

たとえば、第二世代の結婚相手の紹介、離婚や死別したあとにも、母国から結婚相手（男性・女性ともに）を呼び寄せる婚姻ネットワークは移民の家族の再生産が国境を越えて広がっていることがわかる。またコロナ禍には、デジタルツールを活用した母国の親族の見舞いや葬儀、そして信仰の領域においては、かれらの意思にもとづかない非移動性という条件下で、対面を超えたコミュニケーションが進んでいることがわかった。とくに宗教的信仰で結ばれたネットワークは、共通の危機であるコロナ禍のなかだからこそ活発化したとも考えられる。オンライン化によるトランスナショナルファミリーの「病気」や死生観の変容も生じるかもしれない。

母国との紐帯の維持は受け入れ国での統合を阻害するという既存の研究に対して、経済的な資源や情報、心理的なサポートを提供することにより、むしろ受け入れ社会での統合が促進されるという主張がみられるようになっている。自らのエスニック集団への帰属意識を保持しているほうが、日本に対する帰属意識も同様に高くなりやすいという指摘は（五十嵐 2021: 202）、社会統合とトランスナショナリズムが両立するという仮説を支持するものである（Erdal and Peppen 2013）。移民の統合を考える上では、就労以外にも、団地への定住意識、学校経験、自治会などの地域社会への参画、母国とのつながりなども考慮すべきであり、本研究では「編入」への修正仮説を提示した。

長年住み続ける者を単に経済的に「団地を出られない」集団ととらえるだけでなく、「団地に住み続ける」選択をした「生活者」の存在についての再検討が求められる。2018〜19年にかけて筆者と共同チームでインタビュー調査を行った研究者たちも、団地の外国人住民を団地から「移動できない」「問題を抱えた人々」という姿ではなく、より主体的に営む生活世界に着目している（伊吹 2020; 高橋 2020）。たとえば、団地の住民に対し「自分を育ててもらった恩」や、「自分ができなかった親孝行をする場所」などの意味を団地に付与する外国人住民の姿を描き出した（伊吹 2020: 32）。

これらの要因により、トランスナショナルなつながりとも共存させながら、ある程度日本社会や団地に対しても帰属意識を促進させることにもつながっていることが考えられる。では、この地域における多様性を受け入れる自治や共助はどこまで実現できているのだろうか。

2. 「自治」「共助」への課題――多様性を受け入れる団地とは

国や自治体の多文化共生政策や住宅政策は、団地における自治には介入しないことから、あくまでも住民たちの「努力」や「倫理観」にゆだねられる「自治」となっている。しかし、外国人住民が多いといってもやはりマジョリティである日本人のルールやマナーが優先されるため、共同生活である以上外国人がルールやマナーに従う「同化」の論理が働く場であることには違いない。しかし、その自治が持続可能かと問われれば、日本人住民の高齢化で担い手が不足し実質的に支障を来していることも事実である。第3章第1節で論じた自治会の事例からも明らかなとおり、自治会の取り組みとは文字通り住民自治であり属人的であるが、そうした個人の経験や知識を次の世代に生かすような体制づくりが必要だ。若い外国人を自治会の担い手として求める声が上がっていることも紹介したが、これは日本における外国人労働力受け入れの構図にも似通っている。だが、30年以上にわたって共存や共生を模索した自治会の経験からは、「下からの」多文化共生の意味を問うものであることは確かである。宮島のことばを借りれば、「助けてあげる」存在の外国人という認識だけではなく「助けてくれる外国人」という認識がわたしたちに求められているのだろう（宮島 2021: 309）。もう一歩踏み込んで、外国人住民が日本人を「助ける」動機をもっと深く掘り下げなければいけないだろう。

本研究では、「編入」概念の一つとして、団地における共助につながる活動や自治会活動への関与を取り上げた。

この地域で、リーマン・ショックでも、東日本大震災でも大量帰国などの動きがみられなかったのは、難民や中国帰国者というもともと定住志向が強い人たちが多かったからである。また、団地入居と同時期の1990年代からNPOやボランティア団体による支援が活発で、東日本大震災のときにはむしろ共助が促されたことも特徴的である。先行研究でその限界が指摘されてきた日本における移民のネットワークは、本研究の事例ではインフォーマルレベルを超えて、社会関係資本としての機能を持っているといえる。さらに、コロナ禍では情報伝達の速さ、母国の世代や立場を超えての支援、同国人コミュニティの組織力向上など、コロナ禍が促進させた契機もあった。その際にやはり、NPOやボランティア団体、宗教機関の存在が大きなエージェントとなっていた。

先行研究では、滞日年数や日本語能力と自治会・町内会への参加には関連がみられないともいわれている（石田・龔 2021）。「留用日本人」の子である男性の自治会活動への参加理由についての語りの、「国民としてやるべきことはやらなければいけない」「日本人だから国籍もあり当然、義務」と、インドシナ難民男性の「自分より年上の住民を敬う」「日本への恩返し」とは、参加の理由や動機づけが異なることが明らかになった。「母国では親孝行ができなかった」「日本への恩返し」などの難民特有の「モデルストーリー」に起因していた。そのほかにも、生活者としての評価や承認欲求から活動するペルー人男性の例もみられている（中澤・坪谷 2020）。

東日本大震災やコロナのような非常時に、外国人住民が日本人住民を支援する事例のみを取り上げ評価するような「災害ユートピア」（R.ソルニット）言説に対しては厳しい批判的態度が求められる。災害時にかれらが利他的な行動を示すことで、たしかにいままで地域社会のなかで果たしてきた役割が可視化される契機とはなる。しかし制度的には内外平等の原則で受け入れられてはいるものの、日本社会の真のメンバーとして外国人住民を受け入れることについて、国や自治体といった行政機関の実効性のある政策の不十分さという根本的な問題が解消されてはいないことを認めなければならない。

2010年頃から中国人の集住が著しい埼玉県の芝園団地に自ら住んでいる大島隆は、「私たちの団地」という帰属意識やつながりが大事であると述べているが、日本人ですら希薄になっている地域社会への帰属意識を一体外国人住民が持つのだろうかと疑問も呈している。しかし、まず日本人住民が「地域の一員」として受け入れる姿勢を示さなければ、帰属意識を持つことは難しく、日本人住民が持つ「わたしたちの団地」意識を開放し、外国人とともにこの意識を共有しなければいけないと説く（大島 2019: 89）。

コロナ前から日本人—外国人住民間のコミュニケーションや対話の難しさは依然として続いており、この団地のように「多文化共生」に積極的に取り組んでいる地域でも、同化や監視の働く場面があることも明らかにされた。新型コロナウイルスが猛威を振るい始めた2020年春頃に、団地内のある中国人の親が未然に差別を避けるため子どもだけ帰国させたという小学校での事例などにも表れている。また、政府からの路上飲みへの制限が出されていた時期でもあり、コロナ前にも団地内で外国人住民が路上飲みをすることへ日本人住民からの通報や苦情が寄せられていたが、職を失った外国人住民（とくに男性）が昼間から路上飲みをしたことに対して苦情が寄せられることとなった。

さらには、長期間団地に居住する外国人による、新来の外国人住民に対する「自分たちとは違う」といった意見もみられている。ニューカマー外国人の入居が増加したのが80年代後半から90年代だったことを考えれば、ニューカマー外国人住民のなかで、いわば「オールドカマー」と「ニューカマー」の住民が存在し、それぞれの経験や態度の違いにより両者の間に心理的な距離感を生み出していることがわかる。第3章第2節や第4章第3節で論じた女性の事例からは、団地での集住、親族ネットワーク、エスニック・コミュニティの持つ意味が、ジェンダーという性差において非対称的であることにも注意が必要である。これらはすべて日本社会全体における外国人住民の縮図ともいえ、外国人住民の社会統合を語る上での難しさを物語っている。第3章第2節においては、外国人住民の自助や共助のためのコミュニティ内の相談員やコミュニティ通訳などの「当事者支援者」「グローカル人材」の必要性に言及したが、外国人青年や若年層のキャリア形成の観点からは、家族形成や維持ができるほどの十分な報酬がなければ、こうした仕事に就こうという人たちが増えてはいかないことも指摘しておきたい。

高齢化とケアの問題では、外国人住民のなかでも若い世代は団地近くに住居を購入して引っ越すことから、残された夫婦や一人暮らしの外国人高齢者の世帯も目立ち始めている。言語的・文化的マイノリティが公正公平に医療を受け、健康的な生活を送ることができる権利である「マイノリティ・ヘルス」（小笠原 2019）の視点、医療、看病・介護、看取り、弔い、死生観なども含む「異文化間介護」（川村・宣 2007）などの視点も今後は必要になってくるだろう。

以上を総括すると、このX団地が決して偶然に「国際団地」や「多文化団地」になったのではないことがわかる。多国籍の人々が住めば「多文化共生」になるのかといえば、そうではない。1970年代後半からグローバリゼーションのなかで日本が「国際人権への義務を負う国」へと大きく舵を切った方向転換（宮島 2022: 30）による、インドシナ難民という「フロントドア」で入ってきた人たちが、まず住宅政策という社会保障領域に包摂された。かれらは県西部の製造業や軽工業を中心に労働領域においても包摂されることとなったが、それはあくまでも技術が求められない非熟練の分野に限定されていた。一方で、かれらの団地での生活は、子どもの教育、団地の自治への関与を通した社会参加、定住とトランスナショナルの共存、高齢化へという道筋を辿ってきたことがわかった。

3. ポストコロナにおける移民の社会的統合

災害研究においては、新型コロナウイルス感染症のようなパンデミックは、自然災害ではあるが人的災害の要素も大きいといわれている。自然現象だけでは被害が決定されず、社会の脆弱性がその拡大・縮小を決定する重要な要素となる。感染症そのものによる生命や健康へのリスクのみならず人的災害の問題も大きく、パンデミックのような非常時においてはマイノリティの人々の脆弱性があぶり出されることとなった*1。

本書では、ウイズコロナ／アフターコロナの社会、パンデミックという災害に対応しうる社会構築への貢献および何を継承していくべきかについてこれまでと異なる視座から、コロナ禍における移民研究への含意も探った。パンデミックという災害時に対応しうる社会構築へのインプリケーションとしては、平時からコミュニケーションを図り、信頼関係を築くことの大切さが再確認された。

コロナ禍が移民たちの就労や生活へ、どのような影響を及ぼしたのかを考える際に、移住者たちの移動性／非移動性に光を当てることで、コロナ禍のような緊急時の共助の特性や限界への理解も深まることがわかった。とくに、母国の行動規範や準拠枠の影響を考慮することの重要性や、こうした移民どうしの共助はコロナ禍のような困難を乗り越えるためのセーフティネットとしてどのような機能を持ちうるかが課題となる。

従来の移民研究では、母国から日本（日本国内や帰国・第三国への移動も含め）への移動の経験や意味づけなど、どうしても外国人住民の「移動性」の側面がより注目されがちであった。しかし、一個人のなかの、動か（働か）ざるをえないこと、そして動かない／動けないという経験や意味が問い直されており、そうした視点を持った分析も今後の新たな研究課題となるだろう。また、移民の非移動性

*1　とくに防災分野の研究では「レジリエンス」や「復元性」という概念が注目されている。「レジリエンス（Resilience）」とは、災害という外力をうまく受け流すような「しなやかさ」（Zolli and Healy 2012=2013）と説明されるが、とくに国民と移民や外国人労働者を同じシステム下に置く「システミック・レジリエンス」の理念は、新型コロナウイルス政策にも求められている（Anderson et al. 2021: 17）。

に光を当てることで、コロナ禍のような緊急時の共助の特性や限界についても理解を深めることができるだろう。

従来の研究では、国内／国外移動への自由度を規定するのは階層であり、職業的な階層に規定されがちなライフスタイルが主要な研究課題となってきた。しかし、現代の移動を考えるためには、文化や帰属意識といった領域にも影響を及ぼすことが示唆された。コロナ禍においてもリモートワークが可能な就労者にとっての地方への移住や海外移住など、ライフスタイル移住のようなものもあるだろうが、本研究で対象とした多くの外国人住民にとってそれらは無縁であろう。本研究で取り上げた団地の中高年外国人住民の事例から、国際移住者の労働領域以外の「編入」の規定要因やその様式はなにか、こうした危機を日本で過ごす／乗り越えることによる日本社会、さらには団地のような地域社会への帰属意識の変化はどうであったかが明らかになった。本書で扱ったライフストーリーの事例のなかには、中国人帰国者やその家族として来日したのではない中国出身の、留用日本人、難民として来日していないカンボジア人、南米日系人でもブラジルやペルーではなくアルゼンチン人など、これまでX地域における外国人住民の研究の中心となってきた集団とは異なる個人の事例も扱った。こうした、はざまに置かれた者たちの、いわばマイノリティのなかのマイノリティの人たちの声からこの地で生きることの意味を問い直す作業もまた意義のあることだろう。

これらが外国人住民の日本社会への統合に寄与する社会資本となりうるのか、さらには日本社会への帰属意識への作用などについても分析する必要がある。モティベーションの低さや日本語能力が不十分であると理解されがちな外国人の地域社会への参画や子どもの家庭学習などの問題に対して、母国の行動規範や準拠枠の影響も考慮することの重要性が明らかになるなど、非移動性という概念を導入することで共助への理解が一層深まった。

コロナ前と後とで別の事象としてとらえるのではなく、本研究では災害や緊急時以前からの時間軸の延長線上に成立している事象として、外国人住民の共助を考察した。過去の大震災やリーマン・ショックなどの危機における外国人住民の共助との比較や、危機的状況を移住先で過ごす／乗り越える経験への意味づけやそれによる帰属意識の変容は、国際移民研究の新たな視座となるだろう。定住とトランスナショナル・ネットワークとが共存する生活世界に迫り、今後もポストコロナにおける移民の社会統合の諸条件を考えていかなければならない。当然のことながら、当事者たちの生活世界、とりわけ外国人住民の労働・学習に対する意識や、日本社会さらには移民コミュニティへの帰属意識の変容、そして心的側面へ及ぼす長期的な影響に対する研究アプローチが重要となるだろう。

あとがきと謝辞

本書の半分程度は既発表の論考をベースとしながら、その初出は文末に示したとおりである。残りの半分は、本書のための書下ろしである。

【初出一覧】

初出時の原題と掲載等を以下に掲げる。本書に採録するにあたり、大幅な加筆修正を行っている。

第2章

「外国人住民の公営住宅への定住意識の規定要因——神奈川県X団地の外国人住民の編入を事例として」坪谷美欧子編著『郊外団地における外国人住民の社会的統合——神奈川県X団地にみる「多文化共生」の現在』学術研究出版, 9-24, 2020年.

第4章

「神奈川県における外国人住民のライフストーリー研究（5）——AEさんへのインタビュー記録」坪谷美欧子・伊吹唯・中澤英利子編著『神奈川県における外国人住民のライフストーリー論文集』（2016-2019年度科学研究費補助金研究成果報告書　研究代表者 坪谷美欧子）, 32-38, 2020年.

「神奈川県における外国人住民のライフストーリー研究（9）——AJさんへのインタビュー記録」坪谷美欧子・伊吹唯・中澤英利子編著『神奈川県における外国人住民のライフストーリー論文集』（2016-2019年度科学研究費補助金研究成果報告書　研究代表者 坪谷美欧子）, 61-67, 2020年.

「神奈川県における外国人住民のライフストーリー研究（17）——BOさんへのインタビュー記録」坪谷美欧子・伊吹唯・中澤英利子編『神奈川県における外国人住民のライフストーリー研究論文集』

（2016-2019年度科学研究費補助金研究成果報告書（1）（16K04079），横浜市立大学，130-136, 2020年.

"Incorporation" of Foreign Residents Mediated by X Housing Complex": Based on Life Story Analysis of What It Means to Continue to Live in a Housing Complex",『横浜市立大学論叢（人文系列）』第73巻第2・3合併号（横浜市立大学学術研究会）, 61-78, 2022年.

第5章

「コロナ禍における外国人住民の「移動できないこと」の意味―集住地域在住の中高年ニューカマー外国人のライフストーリー分析から―」『海外移住資料館研究紀要』第17号, 1-18, 2023年.

「コロナ禍における外国人住民の移動／非移動性と共助―神奈川県の集住地域における支援団体の事例から―」『異文化間教育』（異文化間教育学会）第56号, 15-31, 2022年.

筆者がはじめてX団地を訪れたのはたしか1998年の夏だったと記憶している。自宅からそう遠くなかったため、大学院の先輩の鈴木美奈子さんが主宰されていたインドシナ難民の中学生たちへの学習支援教室のボランティアが足りないと誘われ、気楽な気持ちで参加したことがきっかけだった。そこでは、日本人生徒と変わらない日本語を話すものの、教科書に出てくる1つ1つの単語の理解に苦しみながら必死に夏休みの課題に取り組んでいたり、帰化申請のための動機書の作文をしたりする子どもたちの姿に衝撃を受けた。また、多言語が飛び交う団地内を歩いたり、各国の食材店や料理店を訪れたり、筆者と同世代でボランティア組織を立ち上げていた人たちの熱意に触れたりすることも魅力的だった。

団地というフィールドにすっかり嵌ってしまい、細々とではあったが地域内の中学校や複数の学習支援教室で外国につながる子どもたちへのボランティアと研究活動を続け、横浜市立大学への就職後は、大学生にも手伝ってもらいながら学習支援室の代表を担っていた時期もある。学習室に来ないことを心配して子どもたちの自宅まで呼びに行ったり、学習室の終了後送り届けたりして、親御さんから御馳走になることもあった。これらの活動を通じて、団地で出会った外国につながる子どもたち、外国人保護者、学校の先生、病院の医師、ボランティア団体の関係者、自治会の方々からは、本当にさまざまなことを学ばせてもらった。そのすべてが筆者にとっては最高のフィールドワークであったが、住民の人々にとっては生活の場であり、そこに支援者であり研究者といういわば「異質な」部外者が関わらせてもらっているということは常に忘れずに行動することを心がけていた。こうした経験や思いを本書にすべて反映できたかといえば、筆者の力量不足であることは否めない。ただ、何とか一冊の本にまとめることができたことを嬉しく思う。

本研究を遂行するにあたっては、多くの個人や団体からご支援とご協力をいただいている。

まず、アンケート調査やインタビュー調査にご協力してくださった外国人住民そして、自治会、学校教員、NPO、ボランティア団体の皆さんに心より感謝申し上げる。とくに、アンケート調査については、調査票作成から配布回収などまでお世話になった3名のX団地各連合自治会会長ならびに自治会の皆さんにも御礼申し上げる。X団地周辺で外国人支援にあたる複数の団体からは、アンケート調査票や自由回答の翻訳にも協力していただいた。インタビュー調査については、外国人住民の方々をご紹介いただき、インタビュー会場の手配をしてくださった2名のX団地連合自治会会長、そしてインタビュー通訳の方々にも御礼を申し上げる。本書が、外国人と日本人住民の方々にとってより良い地域社会のあり方に少しでも貢献できることを願っている。

アンケート調査の検討段階から作成にあたっては、福本拓（南山大学准教授）氏と蘭哲郎氏に多大なるご協力を賜った。

また本研究のアンケート調査やインタビュー調査の多くについては、2016～2019年の4年間にわたる科学研究費研究会メンバーからのご支援がなければ成しえなかった。研究会や小委員会でのディスカッションも、大変充実した中身の濃い研究活動であった。メンバーの蘭信三氏（上智大学名誉教授）、高橋朋子氏（近畿大学教授）、田中里奈氏（フェリス女学院教授）、小林宏美氏（文京学院大学教授）、伊吹唯氏（熊本保健科学大学講師）、Laura Wen-Shuan Shiao氏（横浜市立大学共同研究員）、中澤英利子氏（横浜市立大学大学院博士後期課程）には心よりお礼を申し上げる。

出版の企画段階から編集・刊行に至るまで、春風社の下野歩さんと山岸信子さんにも大変お世話になり感謝申し上げる。

2024年2月

坪谷 美欧子

付記：本研究は、横浜市立大学基礎研究費およびJSPS科学研究費補助金（「日本の集住地域における中国帰国者の社会統合についての比較研究」16K04079、代表：坪谷美欧子）、（「郊外団地における外国人住民の社会統合についての研究」2020K02158、代表：坪谷美欧子）の助成を受けたものである。

本書の刊行にあたっては、横浜市立大学学術研究会出版助成および公益財団法人横浜学術教育振興財団出版刊行助成を受けた。

本研究は、横浜市立大学八景キャンパス等研究倫理委員会の審査による承認（2017年9月28日）を得て実施したものである。

引用文献(著者姓アルファベット順)

Anderson, Bridget, Friedrich Poeschel, Martin Ruhs, 2021, "Rethinking Labour Migration: Covid-19, Essential Work, and Systemic Resilience", *Comparative Migration Studies*, 9 (1): 1-19.

藺信三, 2016,「多様化する中国帰国者」『コスモポリス』10: 1-26.

藺信三, 2020,「結びにかえて」坪谷美欧子編『郊外団地における外国人住民の社会的統合――神奈川県X団地にみる「多文化共生」の現在』学術研究出版, 89-99.

浅川和幸, 2009,「日系ブラジル人労働者の労働と職場生活――県営A団地で生活する多様な労働者を事例に」『調査と社会理論』研究報告書27: 43-61.

A市政策局統計情報課, 2023,「外国人の人口」(https://www.city.yokohama.lg.jp/city-info/yokohamashi/tokei-chosa/portal/jinko/gaikokujin/, 2024年2月20日取得).

A市政策局総務部統計情報課, 2023,「令和5 (2023) 年 町丁別の年齢別人口(住民基本台帳による)」(https://www.city.yokohama.lg.jp/city-info/yokohamashi/tokei-chosa/portal/jinko/chocho/nenrei/r5cho-nen.html, 2024年2月20日取得).

B市多文化共生会議, 2006,『多文化共生社会の実現に向けて――第1期多文化共生会議中間報告』財団法人B市国際化協会.

B市総務部総務課政策調整・統計係, 2023,「町丁別、年齢別人口と世帯」https://www.city.yamato.lg.jp/gyosei/soshik/70/tokeijoho/jinkotosetai/chochokako.html, 2024年2月20日取得).

Dabène, Olivier et Frédéric Louault, 2013, *Atlas du Brésil*, Paris, Autrement.(中原毅志訳, 2019,『地図で見るブラジルハンドブック』原書房).

Erdal, MartaBivand, and Ceri Oeppen, 2013, "Migrant Balancing Acts: Understanding the Interactions Between Integration and Transnationalism", *Journal of Ethnic & Migration Studies,* 39 (6): 867-884.

Faist, Thomas, 1998, "International Social Spaces out of Transnational Migration:

Evolution, Significance, and Future Prospects", *European Journal of Sociology*, 39 (2): 213-247.

後藤仁, 1997,「神奈川県――民際外交の展開」駒井洋・渡戸一郎編著『自治体の外国人政策――内なる国際化への取り組み』明石書店, 91-127.

長谷部美佳, 2021,『結婚移民の語りを聞く――インドシナ難民家族の国際移動とは』ハーベスト社.

早川秀樹, 2011,「東日本震災時の団地での動き：多文化が生きるまちづくり――X団地、X団体の活動から」自治体国際化協会『自治体国際化フォーラム』2011年11月号: 37-38.

樋口直人・稲葉奈々子, 2018,「間隙を縫う――ニューカマー第二世代の大学進学」『社会学評論』68 (4): 567-583.

樋口直人, 2019,「多文化共生――政策理念たりうるのか」高谷幸編著『移民政策とは何か――日本の現実から考える』人文書院, 129-144.

広田照幸, 1999,『日本人のしつけは衰退したか――「教育する家族」のゆくえ』講談社.

伊吹唯, 2016,「日本におけるコミュニティ通訳」『Cosmopolis』(10): 59-65.

伊吹唯, 2019,「現代日本社会における移民の社会統合と当事者支援者の役割」『日本オーラル・ヒストリー研究』15 (0): 125-142.

伊吹唯, 2020a, 神奈川県における外国人住民のライフストーリー研究 (7)――AH さんへのインタビュー記録」坪谷美欧子・伊吹唯・中澤英利子編『神奈川県における外国人住民のライフストーリー研究論文集』2016-2019 年度科学研究費補助金研究成果報告書 (1) (16K04079), 横浜市立大学, 46-54.

伊吹唯, 2020b,「外国人住民の移動経験にもとづく生活戦術とX 団地の持つ意味」坪谷美欧子編『郊外団地における外国人住民の社会的統合――神奈川県X団地にみる「多文化共生」の現在』学術研究出版, 25-35.

五十嵐彰, 2021,「移民の日本に対する帰属意識――水準と規定要因」永吉希久子編『日本の移民統合――全国調査から見る現況と障壁』明石書店, 186-207.

五十嵐泰正, 2012,「『土地に縛り付けられている人々』と『旅行者』――日本における移民と宗教震災があらわにした可動性という分断線」鈴木江理子編著・駒井洋監修『東日本大震災と外国人移住者たち』明石書店, 75-86.

池上重弘・福岡欣治, 2004,「外国人居住者は地域コミュニティの担い手となり得るか？ ――焼津市T団地での調査から」『静岡文化芸術大学研究紀要』5: 1-12.

稲葉佳子・石井由香・五十嵐敦子・笠原秀樹・窪田亜矢・福本佳世・渡戸一郎, 2008,「公営住宅における外国人居住に関する研究――外国人を受け入れたホスト社会側の対応と取り組みを中心に」『住宅総合研究財団研究論文集』35: 275-286.

石田賢示・龚順, 2021,「社会的活動から見た社会統合――移民と日本国籍者の比較を通した検討」永吉希久子編『日本の移民統合――全国調査から見る現況と障壁』明石書店, 140-160.

石河久美子, 2012,『多文化ソーシャルワークの理論と実践――外国人支援者に求められるスキルと役割』明石書店.

岩下康子, 2021,「コロナ禍の外国人労働者の現状と課題」『広島文教グローバル』5: 15-29.

神奈川県都市部住宅建設課, 1992,『住まい・環境まちづくり　かながわ公営住宅40年のあゆみ』ぎょうせい.

柏崎千佳, 2014,「自治体による多文化共生推進の課題」『なぜ今、移民問題か（別冊『環』20）』藤原書店, 209-217.

川村千鶴子・宣元錫編著, 2007,『異文化間介護と多文化共生――誰が介護を担うのか』明石書店.

菊池聡, 2018,『〈超・多国籍学校〉は今日もにぎやか！――多文化共生って何だろう』岩波書店.

金明秀, 2014,「東日本大震災と外国人――マイノリティの解放をめぐる認識の衝突」荻野昌弘・蘭信三編『3・11以前の社会学――阪神・淡路大震災から東日本大震災へ』生活書院, 171-206.

小林淳, 2015,「ニュータウンにおける経験の地層と語りの実践」野上元・小林多寿子編著『歴史と向き合う社会学――資料・表象・経験』ミネルヴァ書房, 153-174.

是川夕, 2019,『移民受け入れと社会的統合のリアリティ――現代日本における移民の階層的地位と社会学的課題』勁草書房.

厚生労働省, 2022,「『外国人雇用状況』の届出状況表一覧（令和3年10月末現在）」, https://www.mhlw.go.jp/stf/newpage_23495.html, 2024年2月22日アクセス.

鹿錫俊, 2006,「戦後中国における日本人の『留用』問題――この研究の背景と意義を中心に」『大東アジア学論集』6: 183-188.

Martin, Susan and Jonas Bergmann, 2021, "(Im)mobility in the Age of COVID-19", *International Migration Review*, 55 (3): 660-687.

増田正, 2012,「在日外国人労働者の海外送金の現状と課題——高額送金手数料の是正問題を中心に」宮島喬・吉村真子編著『移民・マイノリティと変容する世界』法政大学出版局, 71-96.

松宮朝, 2006,「ブラジル人集住都市における日本人住民の意識 (2) 愛知県西尾市ブラジル人住民地域における町内会・自治会役員の語りから」『社会福祉研究』8: 49-58.

松宮朝, 2018,「外国籍住民と公営住宅 (上)」『社会福祉研究』20: 21-28.

松宮朝, 2020,「外国籍住民の集住と地域コミュニティ」『都市住宅学』110: 17-22.

松尾昌樹, 森千香子, 2020,「一元的な移動のあり方・捉え方を問い直す」松尾昌樹, 森千香子編著『移民現象の新展開』岩波書店, 1-16.

宮島喬, 2021,『多文化共生の社会への条件——日本とヨーロッパ、移民政策を問いなおす』東京大学出版会.

宮島喬, 2022,『「移民国家」としての日本——共生への展望』岩波書店.

宮澤千澄「AE2小学校」山脇啓造・服部信雄編著, 2019,『新　多文化共生の学校づくり——A市の挑戦』明石書店, 68-95.

森千香子, 2006,「「施設化」する公営団地」『現代思想』34 (18): 100-108.

森千香子, 2016,『排除と抵抗の郊外——フランス〈移民〉集住地域の形成と変容』東京大学出版会.

長洲一二・坂本義和, 1983,『自治体の国際交流——ひらかれた地方をめざして』学陽書房.

永吉希久子, 2021,「日本における移民の社会統合」永吉希久子編『日本の移民統合——全国調査から見る現況と障壁』明石書店, 233-250.

中澤英利子, 2020a,「神奈川県における外国人住民のライフストーリー研究 (6) ——AG さんへのインタビュー記録」坪谷美欧子・伊吹唯・中澤英利子編『神奈川県における外国人住民のライフストーリー研究論文集』2016-2019年度科学研究費補助金研究成果報告書 (1) (16K04079), 横浜市立大学, 39-45.

中澤英利子, 2020b,「神奈川県における外国人住民のライフストーリー研究 (16) ——BL さん家族へのインタビュー記録」坪谷美欧子・伊吹唯・中澤英利子編『神奈川県における外国人住民のライフストーリー研究論文集』2016-2019年度科学研究費補助金研究成果報告書 (1) (16K04079), 横浜市立大学, 124-129.

中澤英利子, 2020c,「神奈川県における外国人住民のライフストーリー研究（19）――BQ さんへのインタビュー記録」坪谷美欧子・伊吹唯・中澤英利子編『神奈川県における外国人住民のライフストーリー研究論文集』2016-2019年度科学研究費補助金研究成果報告書（1）(16K04079), 横浜市立大学, 143-151.

中澤英利子, 2020d,「神奈川県における外国人住民のライフストーリー研究（20）――BR さんへのインタビュー記録」坪谷美欧子・伊吹唯・中澤英利子編『神奈川県における外国人住民のライフストーリー研究論文集』2016-2019 年度科学研究費補助金研究成果報告書（1）(16K04079), 横浜市立大学, 152-160.

中澤英利子, 2020e,「神奈川県における外国人住民のライフストーリー研究（21）――BS さんへのインタビュー記録」坪谷美欧子・伊吹唯・中澤英利子編『神奈川県における外国人住民のライフストーリー研究論文集』2016-2019年度科学研究費補助金研究成果報告書（1）(16K04079), 横浜市立大学, 161-167.

中澤英利子・坪谷美欧子, 2020,「自治会役員を務める外国人住民の意識の考察」坪谷美欧子編『郊外団地における外国人住民の社会的統合――神奈川県X団地にみる「多文化共生」の現在』学術研究出版, 53-65.

新原道信編, 2016,『うごきの場に居合わせる――公営団地におけるリフレクシヴな調査研究』中央大学出版部.

額賀美紗子, 2021,「量的データからみた移民第二世代 補――5　大学進学」清水睦美・児島明・角替弘規・額賀美紗子・三浦綾希子・坪田光平『日本社会の移民第二世代――エスニシティ間比較でとらえる「ニューカマー」の子どもたちの今』明石書店, 634-664.

小笠原理恵, 2019,『多文化共生の医療社会学――中国帰国者の語りから考える日本のマイノリティ・ヘルス』大阪大学出版会.

岡﨑広樹, 2022,『外国人集住団地――日本人高齢者と外国人の若者の“ゆるやかな共生”』扶桑社.

大久保, 2020,「コロナショックが加速させる格差拡大――所得格差とデジタル格差の『負の連鎖』」『NIRA OPINION PAPER』53: 1-8.

大澤真幸, 2020,「ポストコロナの神的暴力」大澤真幸編『大澤真幸THINKING「O」』16 : 10-47.

大島隆, 2019,『芝園団地に住んでいます――住民の半分が外国人になったとき何が起きるか』明石書店.

Portes, Alejandro and Jozsef Böröcz, 1989, “Contemporary Immigration: Theoretical Perspectives on its Determinants and Modes of Incorporation", *International Migration Review*, 23 (3): 606-630.

Portes, Alejandro and Ruben G. Rumbaut, 2001, *Legacies: The Story of the Immigrant Second Generation*, New York: Russell Sage Foundation.（村井忠政・房岡光子・大石文朗・山田陽子・新海英史・菊池綾・阿部亮吾・山口博史訳, 2014,『現代アメリカ移民第二世代の研究——移民排斥と同化主義に代わる「第三の道」』明石書店）.

Portes, Alejandro, 2003, "Conclusion: Theoretical Convergences and Empirical Evidence in the Study of Immigrant Transnationalism", *International Migration Review*, 37 (3): 874-892.

桜井厚, 2002,『インタビューの社会学』せりか書房.

Schewel, Kerilyn, 2019, "Understanding Immobility: Moving Beyond the Mobility Bias in Migration Studies", *International Migration Review*, 54 (2): 328-355.

シャオ（Shiao）・ローラ, 2020,「X 団地における外国人住民の健康状態とヘルスサービスの利用を妨げる障壁」坪谷美欧子編『郊外団地における外国人住民の社会的統合——神奈川県X団地にみる「多文化共生」の現在』学術研究出版, 67-87.

島薗進, 2021,「新たな感染症の時代の弔いとケア」『宗教研究』95 (2): 25-51.

志水宏吉・清水睦美, 2001,『ニューカマーと教育』明石書店.

清水睦美・「すたんどばいみー」編著, 2013,『X団地発！ 外国人の子どもたちの挑戦』岩波書店.

清水睦美, 2021,「日本の教育格差と外国人の子どもたち——高校・大学進学率の観点から考える」『異文化間教育』54: 39-57.

清水睦美・児島明・角替弘規・額賀美紗子・三浦綾希子・坪田光平, 2021,『日本社会の移民第二世代——エスニシティ間比較でとらえる「ニューカマー」の子どもたちの今』明石書店.

下地ローレンス吉孝, 2019,「『日本人』と『外国人』の二分法を今改めて問い直す」『現代思想』47 (5): 177-186.

職業安定局外国人雇用対策, 2021,「新型コロナウイルス感染症禍における外国人雇用の状況について」https://www.mhlw.go.jp/stf/project-team_20210222_02_00012.html, 2024年2月20日閲覧）.

出入国在留管理庁, 2023,『在留外国人統計』（https://www.e-stat.go.jp/stat-search/files?page=1&layout=datalist&toukei=00250012&tstat=000001018034&cycle=1&year=20230&month=12040606&tclass1=000001060399,

2024年2月20日閲覧).

Solnit, Rebecca, 2009, *A Paradise Built in Hell: The Extraordinary Communities That Arise in Disaster,* Penguin Books.(高月園子訳, 2020,『災害ユートピア——なぜそのとき特別な共同体が立ち上がるのか』亜紀書房).

鈴木江理子編・駒井洋監修, 2012,『東日本大震災と外国人移住者たち』明石書店.

鈴木江理子, 2021,「社会の脆弱性を乗り越えるために——コロナは移民/外国人政策に何をもたらしているか」鈴木江理子編『アンダーコロナの移民たち——日本社会の脆弱性があらわれた場所』明石書店, 7-32.

高橋朋子, 2020,「外国人住民の定住化に学校教育が与える影響」坪谷美欧子編『郊外団地における外国人住民の社会的統合——神奈川県X団地にみる「多文化共生」の現在』学術研究出版, 37-52.

田中宏, 2013,『在日外国人〈第三版〉——法の壁、心の溝』岩波書店.

田中里奈, 2020a,「神奈川県における外国人住民のライフストーリー研究(12)——BF さんへのインタビュー記録」坪谷美欧子・伊吹唯・中澤英利子編『神奈川県における外国人住民のライフストーリー研究論文集』2016-2019 年度科学研究費補助金研究成果報告書(1)(16K04079), 横浜市立大学, 92-106.

田中里奈, 2020b,「神奈川県における外国人住民のライフストーリー研究(18)——BP さんへのインタビュー記録」坪谷美欧子・伊吹唯・中澤英利子編『神奈川県における外国人住民のライフストーリー研究論文集』2016-2019 年度科学研究費補助金研究成果報告書(1)(16K04079), 横浜市立大学, 137-142.

坪谷美欧子, 2005,「地域で学習をサポートする——ボランティアネットワークが果たす役割」宮島喬・太田晴雄編『外国人の子どもと日本の教育——不就学問題と多文化共生の課題』東京大学出版会, 193-215.

坪谷美欧子, 2007,「外国人の子どもたちの進学と将来像——郊外団地におけるサポートネットワークの視点から——」『外国人児童・生徒の就学問題の家族的背景と就学支援ネットワークの研究』(平成16〜18年度　科学研究費補助金基盤研究B(1)研究成果報告書、研究代表者:宮島喬), 45-59.

坪谷美欧子, 2018,「インバウンドにみる多文化共生社会とは——地域社会における外国人住民との相互理解のために——」『日本政策金融公庫論集』38, 61-72.

坪谷美欧子, 2020a,「外国人住民の公営住宅への定住意識の規定要因」坪谷美欧子編『郊外団地における外国人住民の社会的統合――神奈川県X団地にみる「多文化共生」の現在』学術研究出版, 9 -23.
坪谷美欧子, 2020b,「神奈川県における外国人住民のライフストーリー研究（5）――BO さんへのインタビュー記録」坪谷美欧子・伊吹唯・中澤英利子編『神奈川県における外国人住民のライフストーリー研究論文集』2016-2019 年度科学研究費補助金研究成果報告書（1）（16K04079）, 横浜市立大学, 130-136.
坪谷美欧子, 2021,「アクティブラーニングを通した社会学教育――外国につながる子どもたちへの支援についてのアクションリサーチを通して――」『横浜市立大学論叢人文科学系列』72（3）, 145-174.
坪谷美欧子, 2022,「コロナ禍における外国人住民の移動／非移動性と共助――神奈川県の集住地域における支援団体の事例から」『異文化間教育』56, 15-31.
坪谷美欧子・伊吹唯・中澤英利子編, 2020,『神奈川県における外国人住民のライフストーリー研究論文集』2016-2019 年度科学研究費補助金研究成果報告書（1）（16K04079）, 横浜市立大学.
宇野さつき, 2021,「COVID-19が若年がん患者の治療や緩和ケア――在宅看取りの支援に与えた影響」『看護管理』31（2）: 134-135.
Van Riemsdijk, Micheline, Scott Basford, and Alana Burnham, 2016, "Socio-Cultural Incorporation of Skilled Migrants at Work: Employer and Migrant Perspectives", *International Migration*, 54（3）: 20-34.
王爽・藤井さやか, 2020,「公的住宅団地における外国人集住の実態と取り組みに関する研究」『都市計画論文集』55（3）: 954-961.
World Bank, 2022, *Migration and Development Brief 38: Remittances Brave Global Headwinds*, World Bank Group.
やまだようこ, 2005,「ライフストーリー研究」秋田喜代美・恒吉僚子・佐藤学編『教育研究のメソドロジー――学校参加型マインドへのいざない』東京大学出版会, 191-212.
山本かほり, 2006,「ブラジル人集住都市における日本人住民の意識（1）西尾市の日本人調査から」『社会福祉研究』8: 39-47.
山脇啓造・A市立AE1小学校編, 2005,『多文化共生の学校づくり――A市立AE1小学校の挑戦』明石書店.
安田浩一, 2019,『団地と移民――課題最先端「空間」の闘い』KADOKAWA.
吉富志津代, 2014,「多文化共生――1・17で芽生えた意識は3・11で根づくのか」荻野昌弘・蘭信三編『3・11以前の社会学――阪神・淡路大震災から東日本大震災へ』生活書院, 137-170.

Zolli, Andrew and Ann Marie Healy, 2012, *Resilience: Why Things Bounce Back*, New York: Free Press.（須川綾子訳, 2013,『レジリエンス 復活力――あらゆるシステムの破綻と回復を分けるものは何か』ダイヤモンド社）.

資料1　アンケート調査票

X地区の外国人住民に関する実態調査へのご協力のお願い

２０１８年4月
X団地における多文化共生に関する調査研究会
研究代表　横浜市立大学　准教授　坪谷　美欧子

私たち研究会は、2016年度から「X団地地域を中心とした地域社会における外国人住民受け入れの論理」について調査を始めました。この地域は神奈川県で一番大きい団地もあることから、１９８０年代からとくにインドシナ難民受け入れたのをきっかけに、中国帰国者、南米日系人、フィリピン人などの多くの外国籍住民が生活しています。A市やB市の多文化共生に関わる政策の対象として日本全国においても先進的な地域といえます。

本研究会では、地域社会で外国人住民をどのように受け入れるのかを考察し、それを可能にする諸条件を明らかにするために、アンケート調査を行うことにいたしました。調査結果の集計、分析を通して、外国人住民、日本人住民の方々にとってより良い地域社会のあり方を明らかにしたいと考えております。

今回、A市およびB市の住民基本台帳をもとに、X団地周辺にお住まいの１８歳以上の外国籍住民全員の方にこの調査票をお送りいたしました。

調査回答にかかる所要時間は、２０分程度です。

本調査票は専門の機関が処理しますので、だれが何を答えたかなど他の人に知られてしまうことはありません。

なお、本調査の結果の速報値は８月頃、また調査結果に基づく詳細な分析を加えた最終の「報告書」は、２０１８年度末までにまとめ、A市、B市、みなさまのお近くの自治会へご報告し、施策や活動に反映していただく予定です。

お忙しいところ、誠に恐れ入りますが、趣旨をご理解いただきまして、ご協力をお願い申し上げます。

【記入上の注意】

記入の済んだ調査票は、一緒に入っている返信用封筒に入れて（お名前や住所は書かなくて結構です）、遅くとも＿＿月＿＿日（＿＿）までに郵便ポストに入れてください。なお、調査票を受け取ったらできるだけ早くご回答いただけますと幸いです。

調査票は「日本語版」と他のことばでお送りいたしますが、いずれか１部のみお送りください。

【本調査に関するお問い合わせ先】
〒236-0027　横浜市金沢区瀬戸２２－２　横浜市立大学国際総合科学部
担当：坪谷　美欧子

調査はここから始まります

I．あなたご自身についてうかがいます。

【問1】あなたの性別、現在の年齢、国籍について回答してください。

(a) 性別　☐ 1. 男　☐ 2. 女　☐ 3. その他

(b) 年齢　（　　　　）歳

(c) 国籍　（　　　　　　）国

【問2】あなたが生まれた場所と、日本でいまお住まいの団地に住みはじめた年（西暦）を回答してください。

☐ 1. 外国で生まれた → (a) 日本へ来た年　（　　　　）年　→【問3】へ
　　　　　　　　　　　(b) いまの団地へ住み始めた年（　　　　）年

☐ 2. 日本で生まれた　→【問5】へ

【問3】あなたが日本に来たきっかけは何ですか。あてはまる番号を1つだけ選んでください。

☐ 1. 難民として　☐ 2. 自分（家族）の仕事のため

☐ 3. 家族と一緒に住むため（結婚も含む）　☐ 4. 子どもの教育のため

☐ 5. 日本に魅力を感じた　☐ 6. その他（　　　　　　）

【問4】あなたがお住まいの団地に住むようになったきっかけは何ですか。

あてはまる番号を1つだけ選んでください。

☐ 1. 自分（家族）の仕事のため　☐ 2. 家族と一緒に住むため（結婚も含む）

☐ 3. 子どもの教育のため　☐ 4. 知人・親族がすでに住んでいたから

☐ 5. 家賃が安いため　☐ 6. その他（　　　　　　）

【問5】あなたの最終学歴は何ですか。あてはまる番号を1つだけ選んでください。（母国と日本の学校の両方に行ったことのあるひとは、それぞれについてお答えください。）

(a) 母国の学校　☐ 1. 小学校　☐ 2. 中学校　☐ 3. 高校
　☐ 4. 専門学校・短期大学　☐ 5. 大学

(b) 日本の学校　☐ 1. 日本の小学校　☐ 2. 日本の中学校　☐ 3. 日本の高校
　☐ 4. 日本の専門学校・短期大学　☐ 5. 日本の大学

(c) 日本にある母語の学校　☐ 1. 母国語の小学校　☐ 2. 母国語の中学校
　☐ 3. 母国語の高校

【問6】あなた自身の在留資格について、あてはまる番号を1つだけ選んでください。

☐ 1. 日本人の配偶者等　☐ 2. 定住者　☐ 3. 家族滞在

☐ 4. 永住者　☐ 5. 永住者の配偶者等　☐ 6. 留学

□ 7. 人文知識・国際業務　□ 8. 技術

□ 9. その他（　　　　　　　　　　）　□ 10. 正規の滞在資格は持っていない

□ 11. わからない

【問7】あなたのお住まいは以下のどちらですか。あてはまる番号を１つだけ選んでください。

□ 1. A市A区A町（X団地）　□ 2. A市A区A町（X団地以外）

□ 3. B市A地区（X団地）　□ 4. B市B地区　□ 5. その他（　　　　　　）

Ⅱ．あなたのお仕事についてうかがいます。

【問8】いまのお仕事はどれくらい続けていますか。

□ 1. １年未満　□ 2. １～２年　□ 3. ２～３年　□ 4. ３～５年

□ 5. ５～１０年　□ 6. １０年以上

【問9】あなたは去年１年間に仕事をしましたか。

□ 1. 仕事をしていた　→【問11】へ

□ 2. 仕事をしていない　→【問10】へ

【問10】【問9】で「２．していない」を選んだ人にうかがいます。仕事をしていなかったのはなぜですか。

□ 1. 主婦・主夫　□ 2. 失業中　□ 3. 退職した

□ 4. 学生　□ 5. その他（　　　　　　）→【問21】へ進んでください。

<【問9】で「1．仕事をしていた」、と答えた人は、【問11】～【問20】にお答えください>

【問11】去年１年間のうち、あわせてどのくらいの期間仕事をしましたか。

□ 1. １年中　□ 2. ６ヶ月以上　□ 3. ３～６ヶ月　□ 4. ３ヶ月未満

【問12】去年１年間に勤めた職場の数はいくつですか。

□ 1. １ヶ所　□ 2. ２ヶ所　□ 3. ３～５ヶ所　□ 4. ６ヶ所以上

【問13】去年１年間で最も長く勤めた仕事の１週間当たりの労働時間は残業を含めてどれくらいですか。

□ 1. ２０時間未満　□ 2. ２０～３０時間未満　□ 3. ３０～４０時間未満

□ 4. ４０～５０時間未満　□ 5. ５０時間以上

【問14】去年１年間で最も長く勤めた仕事の内容は以下のどれですか。

□ 1. 工場での仕事（組立・溶接などの製造業）

□ 2. 工場での仕事（弁当・食品加工）

□ 3. 車を運転する仕事（運転手・運送など）

□ 4. 中古車部品などの加工

□ 5. 事務職　□ 6. 営業職　□ 7. 飲食店・販売などの仕事
□ 8. 医療・介護 □ 9. 通訳・翻訳　□ 10. 学校や塾などの教師
□ 11. 土木・建設業　□ 12. その他（　　　　　　）

【問15】去年１年間で最も長く勤めた仕事はどのような雇用形態ですか。

□ 1. 直接雇用（正社員）　□ 2. 直接雇用（契約社員）
□ 3. パート・アルバイト　□ 4. 派遣社員
□ 5. 自営業　□ 6. その他（　　　　　　）

【問16】去年１年間で最も長く勤めた仕事の場所はどこですか。

□ 1. 東京都内　□ 2. 横浜市内　□ 3. 大和市　□ 4. 藤沢市
□ 5. 綾瀬市　□ 6. 座間市　□ 7. 相模原市　□ 8. 厚木市
□ 9. 海老名市　□ 10. 平塚市　□ 11. 愛川町　□ 12. その他（　　　）

【問17】去年１年間で最も長く勤めた職場には外国人の経営者はいましたか。

□ 1. 外国人の経営者がいた　□ 2. 外国人の経営者はいない

【問18】去年１年間で最も長く勤めた職場には外国人の職員は何人ぐらいいましたか。

□ 1. 自分だけ　□ 2. １０人未満　□ 3. １０～１９人
□ 4. ２０人以上

【問19】その仕事で得た給料（税込み）は、１ヶ月あたりいくらですか。

□ 1. １０万円未満　□ 2. １０～１５万円未満
□ 3. １５～２０万円未満　□ 4. ２０～２５万円未満
□ 5. ２５～３０万円未満　□ 6. ３０～４０万円未満
□ 7. ４０万円以上

【問20】現在、あなたは日本の雇用保険（失業保険）に加入していますか。あてはまる番号を１つだけ選んでください。

□ 1. 加入している　□ 2. 加入していない　□ 3. わからない

＜以下の設問は、すべての方にうかがいます＞

【問21】失業中に雇用保険（失業保険）を受給したことがありますか。

□ 1. ある　□ 2. ない

【問22】仕事を探すために、以下を利用したり、頼ったりしたことがありますか。

(a) ハローワーク	□ 1. ある	□ 2. ない
(b) 母国語の就職情報誌	□ 1. ある	□ 2. ない
(c) インターネットサイト	□ 1. ある	□ 2. ない
(d) 家族・親族の紹介	□ 1. ある	□ 2. ない
(e) 同じ国出身の友人・知人の紹介	□ 1. ある	□ 2. ない

(f) 日本人の友人・知人の紹介　　□ 1. ある　□ 2. ない

(g) その他（　　　　　　）　　□ 1. ある　□ 2. ない

【問23】あなたは日本の健康保険（社会保険・国民健康保険）に加入していますか。
あてはまる番号を１つだけ選んでください。

□ 1. 加入している（自分で保険料を払っている）

□ 2. 加入している（給料から自動的に引かれている）

□ 3. 加入してない　□ 4. わからない

【問24】あなたは日本の年金（国民年金・厚生年金・共済年金）に加入していますか。

あてはまる番号を１つだけ選んでください。

□ 1. 加入している（自分で保険料を払っている）

□ 2. 加入している（給料から保険料天引き）

□ 3. 加入してない　□ 4. わからない

【問25】給料について満足していますか。あてはまる番号を１つだけ選んでください。

□ 1. 大変満足している　□ 2. だいたい満足している　□ 3. どちらでもない

□ 4. やや不満　□ 5. 非常に不満

【問26】生活費は十分ですか。あてはまる番号を１つだけ選んでください。

□ 1. 十分　□ 2. どちらかといえば十分　□ 3. どちらでもない

□ 4. どちらかといえば十分でない　□ 5. 十分ではない

【問27】もし現在よりも条件のいい仕事が日本国内の他の場所で見つかれば、そこへ引っ越しますか。

あてはまる番号を１つだけ選んでください。

□ 1. すぐに引っ越す　→【問29】へ

□ 2. どちらかといえば引っ越す　→【問29】へ

□ 3. どちらかといえば引っ越さない　→【問28】へ

□ 4. 引っ越さない　→【問28】へ

【問28】【問27】で３・４を選んだ人にうかがいます。日本国内の他の場所へ引っ越さない理由は何ですか。

下の理由のうち、あてはまるものすべてを選んでください。

（３・４を選んだ理由）

□ 1. 子供の進路のため　□ 2. 子供の現在の学校を変えたくないから

□ 3. 生活環境が良いから　□ 4. 同国人の友人・知人が多いから

□ 5. 職場が働きやすいから　□ 6. 家賃が安いから

□ 7. 家族のため　□ 8. その他（　　　　　　　　）

【問29】もし現在よりも条件のいい仕事が日本以外の外国で見つかれば、そこへ引っ越しますか。

あてはまる番号を1つだけ選んでください。

□ 1. すぐに引っ越す　→【問31】へ

□ 2. どちらかといえば引っ越す　→【問31】へ

□ 3. どちらかといえば引っ越さない　→【問30】へ

□ 4. 引っ越さない　→【問30】へ

【問30】【問29】で3・4を選んだ人にうかがいます。日本以外の外国へ引っ越さない理由は何ですか。

下の理由のうち、あてはまるものすべてを選んでください。

（3・4を選んだ理由）

□ 1. 子供の進路のため　□ 2. 外国の学校に子供が慣れるか不安なため

□ 3. 生活環境が良いから　□ 4. 同国人の友人・知人が多いから

□ 5. 職場が働きやすいから　□ 6. 家賃が安いから

□ 7. 家族のため　□ 8. その他（　　　　　　　　）

【問31】あなたは今後どれくらいいまの家に住み続ける予定ですか。

□ 1. １年程度　□ 2. ２～３年程度　□ 3. ５～１０年程度

□ 4. １０年以上　□ 5. わからない

【問32】あなたは日本国内で引っ越す場合、どのような家に住みたいですか。

あてはまるものすべてを選んでください。

□ 1. 市営・県営住宅　□ 2. 会社の社宅

□ 3. 賃貸住宅（アパート・マンションなど）

□ 4. 持ち家（マンション）　□ 5. 持ち家（一軒家）

□ 6. その他（　　　　　　　　）

【問33】あなたの母国（日本以外）でのお仕事は以下のどれでしたか、あてはまる番号を1つだけ選んでください。

□ 1. 工場での仕事（組立・溶接などの製造業）

□ 2. 工場での仕事（弁当・食品加工）

□ 3. 車を運転する仕事（運転手・運送など）

□ 4. 中古車部品などの加工　□ 5. 事務職

□ 6. 営業職　□ 7. 飲食店・販売などの仕事

□ 8. 医療・介護　□ 9. 通訳・翻訳

□ 10. 学校などの教師　□ 11. 農業・林業・漁業

□ 12. 仕事はしていなかった　□ 13. その他（　　　　　　　　）

Ⅲ．あなたの世帯についてうかがいます。

【問34】あなたは結婚していますか。あてはまる番号を１つだけ選んでください。

□ 1. している　　□ 2. していない

□ 3. 死別（夫・妻が亡くなった）　　□ 4. 離別

【問35】あなたには１８歳以下のお子さんはいらっしゃいますか。
あてはまる番号を１つだけ選び、お子さんの人数および年齢を書いてください。

□ 1. いる　→（　　　　　）人
第１子年齢（　　　　）歳　第２子年齢（　　　　）歳
第３子年齢（　　　　）歳　第４子年齢（　　　　）歳

□ 2. いない

【問36】１８歳以下のお子さんのうち、別居しているお子さんはいますか。あてはまる番号を１つだけ選んでください。

□ 1. 日本にいる　□ 2. 母国にいる　□ 3. 日本にも母国にもいる

□ 4. 日本・母国以外の海外にいる　□ 5. いない

【問37】現在、あなたは１人暮らしですか。

□ 1. １人で住んでいる　　→【問38】へ

□ 2. ２人以上で住んでいる　→下記 (a) ～ (d) についてお答えください。

(a) 何人で住んでいますか。　（　　　　　）人

(b) そのうち、収入のある人は何人いますか。　（　　　　　）人

(c) 世帯としての年収（1年間の収入、税込み）について、あてはまる番号を１つだけ選んでください。

□ 1. ０～１００万円未満　　□ 2. １００～２００万円未満

□ 3. ２００～３００万円未満　　□ 4. ３００～４００万円未満

□ 5. ４００～５００万円未満　　□ 6. ５００～６００万円未満

□ 7. ６００～８００万円未満　　□ 8. ８００～1,０００万円未満

□ 9. 1,０００万円以上

(d) 家族以外で一緒に住んでいる人がいますか。

□ 1. いる（　　　　）人　　□ 2. いない

【問38】あなたが現在住んでいる団地に別居の家族・親戚（１８歳以下の子どもを除く）はいますか。

□ 1. いる　　□ 2. いない

【問39】現在お住まいの団地以外の日本国内に住んでいる家族・親戚（１８歳以下の子どもを除く）はいますか。

□ 1. いる　　□ 2. いない

【問40】１５歳のときのあなたはどこにお住まいでしたか。都道府県名と市町村名を具体的にお答えください。

また、その頃の親の職業は何でしたか。

(a) 居住地

日本国内の場合：都道府県名（　　　　　　　）市町村名（　　　　　　　）

外国の場合　　：国名（　　　　　　　）県市町村名（　　　　　　　）

(b) 親の職業（　　　　　　　　　　）

【問41】あなたは、日本人（中国残留孤児や日系人）の祖父母、もしくは父母がいますか。

☐ 1. いる　　☐ 2. いない

Ⅳ. あなたと母国（日本以外の国）とのかかわりについてうかがいます。

【問42】あなたの帰国の頻度はどれくらいですか。

☐ 1. ２～３年に１回　☐ 2. １年に１回　☐ 3. １年に２～３回

☐ 4. １年に４回以上　☐ 5. 帰国したことがない

【問43】あなたは母国の親族との連絡方法はどれですか。あてはまるものすべてを選んでください。

☐ 1. 電話　☐ 2. 手紙　☐ 3. インターネット（電子メール）

☐ 4. ＳＮＳ（スマートフォンのアプリを含む）

☐ 5. その他（具体的に　　　　　　　　　　）

☐ 6. 連絡を取る親族はいない

【問44】あなたは日頃、母国の情報をどのように得ていますか。あてはまるものすべてを選んでください。

☐ 1. 母国の新聞　☐ 2. 日本で発行されている母国語の新聞

☐ 3. ラジオ　☐ 4. インターネット（電子メール）

☐ 5. ＳＮＳ（スマートフォンのアプリを含む）

☐ 6. その他（具体的に　　　　　　　　　　）

【問45】あなたはお金を母国の親族へ送金していますか。

☐ 1. 毎月　→【問46】へ　☐ 2. 半年に１回程度　→【問46】へ

☐ 3. １年に１回程度　→【問46】へ

☐ 4. 一度も送金したことがない　→【問48】へ

【問46】<u>【問45】で１．２．３．の「送金している」を選んだ人にうかがいます。</u>

送金の方法は以下のどれですか。あてはまるものすべてを選んでください。

☐ 1. 日本の銀行・郵便局から（窓口・ネットバンク含む）

□ 2. 日本にある母国の銀行から（窓口・ネットバンク含む）

□ 3. 母国の知人に頼む　　　　　　　□ 4. 帰国時に持参する

□ 5. その他（　　　　　　　　　　　　　　　　）

【問47】【問45】で１．２．３．の「送金している」を選んだ人にうかがいます。

１回の送金の金額は日本円でどれくらいですか。

金額（　　　　　　　　　　　）円

【問48】あなたは日本で稼いだお金で母国の不動産（土地や家）を購入したことがありますか。

□ 1. 購入したことがある　　　　　　□ 2. 購入したことがない

Ⅴ. あなたの地域でのおつきあいや地域での活動への参加についてうかがいます。

【問49】あなたは近所の日本人とどの程度のつき合いがありますか。あてはまる番号を１つだけ選んでください。

□ 1. 生活面でも協力しあうなど親密なつき合いがある

□ 2. 日常的に話をするぐらいのつき合いがある

□ 3. あいさつをするなど、最低限のつき合いがある

□ 4. つき合いは全くない

【問50】あなたは職場の日本人とどの程度のつき合いがありますか。あてはまる番号を１つだけ選んでください。

□ 1. 生活面でも協力しあうなど親密なつき合いがある

□ 2. 日常的に話をするぐらいのつき合いがある

□ 3. あいさつをするなど、最低限のつき合いがある

□ 4. つき合いは全くない

【問51】あなたにはいまお住まいの団地のなかで、信頼して相談できる友人はいますか。

□ 1. いる　　　→【問52】へ

□ 2. いない　　→【問53】へ

【問52】【問51】で「１．いる」を選んだ人にお聞きします。その友人は次のうちどれに当たりますか。

あてはまるものすべてを選んでください。

□ 1. 同じ国出身の友人　　　　　　　　□ 2. 日本人の友人

□ 3. その他の外国人の友人（日本人を除く）

□ 4. その他（　　　　　　　　　　　　　　　　）

【問53】あなたは家族以外で、近所の同じ国出身の人とどの程度のつき合いがあり

ますか。

あてはまる番号を1つだけ選んでください。

□ 1. 生活面でも協力しあうなど親密なつき合いがある

□ 2. 日常的に話をするぐらいのつき合いがある

□ 3. あいさつをするなど、最低限のつき合いがある

□ 4. つき合いは全くない

□ 5. 近所に同じ国出身の人はいない

【問54】あなたは近所の同じ国出身以外の人（日本人を除く）とどの程度のつき合いがありますか。

あてはまる番号を1つだけ選んでください。

□ 1. 生活面でも協力しあうなど親密なつき合いがある

□ 2. 日常的に話をするぐらいのつき合いがある

□ 3. あいさつをするなど、最低限のつき合いがある

□ 4. つき合いは全くない

□ 5. 近所に外国人（日本人を除く）はいない

【問55】あなたはX団地での生活で、困っていることや心配なことがあったとき、次のうちどこに相談しますか。

あてはまるものすべてを選んでください。

□ 1. 同じ国出身の友人　□ 2. 日本人の友人

□ 3. ボランティア団体（　　　　　）

□ 4. その他の外国人の友人　□ 5. 行政の相談窓口

□ 6. 会社の人、学校や寮の先生・職員

□ 7. 近所に住む日本人　□ 8. 団地の自治会役員

□ 9. 教会や寺院などの宗教組織

□ 10. 家族　□ 11. 相談する相手がいない

□ 12. その他（　　　　　）

【問56】あなたは生活に必要な情報をどのように入手していますか。あてはまるものすべてを選んでください。

□ 1. 同じ国出身の友人　□ 2. 日本人の友人

□ 3. ボランティア団体（　　　　　）　□ 4. その他の外国人の友人

□ 5. 家族　□ 6. 会社・学校

□ 7. 行政の窓口・広報紙

□ 8. 自治会の広報物（回覧板・掲示）　□ 9. 大使館・領事館の広報

□ 10. 教会や寺院などの宗教組織　□ 11. 新聞雑誌

□ 12. テレビ　□ 13. ラジオ　□ 14. インターネット

□ 15. ＳＮＳ（スマートフォンのアプリを含む）　□ 16. 入手する方法がない
□ 17. その他（　　　　　　　　　　　　　）

【問57】あなたは現在、自治会の清掃（ごみ拾い・草とり）や防犯活動に参加していますか。

□ 1. よく参加している　　　　　□ 2. だいたい参加している
□ 3. あまり参加していない　　　□ 4. 参加していない

【問58】あなたはこれまで、地域の祭りや国際交流イベントに参加したことがありますか。

□ 1. 何度も参加したことがある　　□ 2. 何度か参加している
□ 3. あまり参加したことはない　　□ 4. 参加したことはない

【問59】あなたは団地の自治会運営の活動（代表・役員など）に関わってみたいですか。

□ 1. ぜひとも関わってみたい　□ 2. どちらかといえば関わってみたい
□ 3. どちらかといえば関わりたくない　　　□ 4. 関わりたくない

【問60】あなたは現在、あなた以外に２人以上が参加する同じ国出身の集まりに参加していますか。

□ 1. 毎週　　　　□ 2. 月に２～３回程度　□ 3. 月に１回程度
□ 4. 半年に１回程度 □ 5. １年に１回程度　□ 6. 参加していない

【問61】地域社会のメンバーとして、あなたは地域の日本人の住民に対して、以下のことを望みますか。

それぞれについて、あてはまる番号を１つだけ選んでください。

(a) 外国の文化、生活習慣を理解するようにつとめること

□ 1. 強く望む　　　　　　　　　□ 2. どちらかといえば望む
□ 3. どちらかといえば望まない　□ 4. 望まない

(b) 日頃から、外国人住民と言葉をかわすこと

□ 1. 強く望む　　　　　　　　　□ 2. どちらかといえば望む
□ 3. どちらかといえば望まない　□ 4. 望まない

(c) 日本語、日本の習慣を外国人住民に紹介すること

□ 1. 強く望む　　　　　　　　　□ 2. どちらかといえば望む
□ 3. どちらかといえば望まない　□ 4. 望まない

(d) 外国語を理解するようにつとめること

□ 1. 強く望む　　　　　　　　　□ 2. どちらかといえば望む
□ 3. どちらかといえば望まない　□ 4. 望まない

【問62】災害に対して、知っていることや、実施していることについてお聞きします。

それぞれについて、あてはまる番号を１つだけ選んでください。

(a) 災害時の避難場所を知っていますか。

□ 1. 知っている　　□ 2. 知らない

(b) 地域の防災訓練に参加したことがありますか。

□ 1. 参加したことがある　　□ 2. 参加したことはない

【問63】あなたは、日本語がどのくらいできますか。

(a) 話す
□ 1. 十分に話せる
□ 2. 日常会話はだいたい話せる
□ 3. 簡単なあいさつや単語は話せる
□ 4. ほとんど話せない

(b) 聞く
□ 1. 十分に聞き取れ、理解できる
□ 2. 日常会話はだいたい理解できる
□ 3. 簡単なあいさつや単語は聞き取れる
□ 4. ほとんど聞き取れない

(c) 読む
□ 1. 辞書を使えば、新聞や雑誌が読める
□ 2. 簡単な漢字とひらがな、カタカナが読める
□ 3. ひらがながだいたい読める
□ 4. ほとんど読めない

(d) 書く
□ 1. 漢字を使った文章が書ける
□ 2. 簡単な漢字とひらがな、カタカナが書ける
□ 3. ひらがながだいたい書ける
□ 4. ほとんど書けない

Ⅵ. お子さん（６歳〜１４歳）の教育についてうかがいます。

該当年齢のお子さんがいらっしゃらない方は、Ⅶ【問66】にお進みください。

【問64】６歳〜１４歳のお子さんがいる方にお聞きします。あなたのお子さんそれぞれについてうかがいます。
（４人以上お子さんがいる場合は、一番上のお子さんから３番目のお子さんについてまでお答えください。）

(a) お子さんの通っている学校と学年をお教えください。

第１子	第２子	第３子
□ 1. 小学（　　）年 □ 2. 中学（　　）年	□ 1. 小学（　　）年 □ 2. 中学（　　）年	□ 1. 小学（　　）年 □ 2. 中学（　　）年

(b) 通っている学校はどちらの地区ですか。

第1子	第2子	第3子
□1. A市　□2. B市 □3. その他（　　　）	□1. A市　□2. B市 □3. その他（　　　）	□1. A市　□2. B市 □3. その他（　　　）

(c) お子さんの日本語能力について、それぞれについてあてはまる番号を1つだけ選んでください。

選択肢：1. よくできる　2. できる　3. まあまあできる

4. いくつかの単語程度　5. 全くできない

	第1子	第2子	第3子
話す	□1 □2 □3 □4 □5	□1 □2 □3 □4 □5	□1 □2 □3 □4 □5
聞く	□1 □2 □3 □4 □5	□1 □2 □3 □4 □5	□1 □2 □3 □4 □5
読む	□1 □2 □3 □4 □5	□1 □2 □3 □4 □5	□1 □2 □3 □4 □5
書く	□1 □2 □3 □4 □5	□1 □2 □3 □4 □5	□1 □2 □3 □4 □5

(d) お子さんの母語の能力について、それぞれについてあてはまる番号を1つだけ選んでください。

選択肢：1. よくできる　2. できる　3. まあまあできる

4. いくつかの単語程度　5. 全くできない

	第1子	第2子	第3子
話す	□1 □2 □3 □4 □5	□1 □2 □3 □4 □5	□1 □2 □3 □4 □5
聞く	□1 □2 □3 □4 □5	□1 □2 □3 □4 □5	□1 □2 □3 □4 □5
読む	□1 □2 □3 □4 □5	□1 □2 □3 □4 □5	□1 □2 □3 □4 □5
書く	□1 □2 □3 □4 □5	□1 □2 □3 □4 □5	□1 □2 □3 □4 □5

(e) 日頃、お子さんとの間で使われる言語は、何語が多いですか。あてはまる番号を1つだけ選んでください。

選択肢	第1子	第2子	第3子
1.母語の方が多い（方言も含める） 2.両方が使われている 3.日本語の方が多い 4.すべて日本語 5.その他（　　　　）	□1　□2 □3　□4 □5〔　　〕	□1　□2 □3　□4 □5〔　　〕	□1　□2 □3　□4 □5〔　　〕

(f) あなたは、お子さんの教育をどの程度まで受けさせたいですか。あてはまるものすべてを選んでください。

	選択肢	第1子	第2子	第3子
母国の学校	1.中学校 2.高校 3.大学	□1　□2 □3	□1　□2 □3	□1　□2 □3
日本の学校	1.中学校　2.高校 3.専門学校　4.短大・大学	□1　□2 □3　□4	□1　□2 □3　□4	□1　□2 □3　□4
日本にある母語の学校	1.中学校 2.高校 3.大学 4.その他 (具体的に　　　　)	□1　□2 □3 □4（　　）	□1　□2 □3 □4（　　）	□1　□2 □3 □4（　　）
日本と母国以外の学校	1.中学校 2.高校 3.大学	□1　□2 □3	□1　□2 □3	□1　□2 □3

【問65】あなたのお子さんが通う日本の学校の以下の活動について、満足していますか。
以下のそれぞれについて、あてはまる番号を1つだけ選んでください。

	1.大変満足	2.まあ満足している	3.あまり満足していない	4.ほとんど満足してない
A. 日本語指導	□	□	□	□
B. 教科指導	□	□	□	□
C. 母語指導（母国の文化も含む）	□	□	□	□
D. 進路指導	□	□	□	□
E. 保護者への多言語支援（文書の翻訳や保護者会の通訳）	□	□	□	□
F. 部活動・クラブ活動	□	□	□	□
G. 国際理解・多文化共生教育（イベント含む）	□	□	□	□
H. 給食	□	□	□	□
I. その他（　　　　　　　　　　）	□	□	□	□

Ⅶ. あなたの健康状態についてうかがいます。

【問66】あなたの現在の健康状態は、以下のうちどれにあてはまりますか。
あてはまる番号を1つだけ選んでください。

□ 1. とてもよい　□ 2. よい　□ 3. どちらとも言えない
□ 4. 悪い　□ 5. 非常に悪い　□ 6. わからない

【問67】あなたは日本に来てから以下の病気と診断されましたか。

□ 1. 心臓の病気　□ 2. 高脂血症　□ 3. 高血圧症　□ 4. 糖尿病
□ 5. 脳卒中、脳血管障害　□ 6. 癌や悪性腫瘍
□ 7. アレルギー　□ 8. うつ病など、こころの病気
□ 9. その他の病気（具体的に　）

【問68】あなたは最近1年間で、病気になったときに次のような困った経験はありますか。
あてはまるものすべてを選んでください。

□ 1. 病院についての情報がなくて困った
□ 2. 医者にみてもらうとき、言葉がよくわからなかった
□ 3. 医者にみてもらうとき、通訳がいなくて困った
□ 4. 病院の対応に差別を感じた
□ 5. 薬の説明がわからず、困った
□ 6. 母国の治療法や薬の処方で違いがあり戸惑った
□ 7. 受けられる医療保障の制度がわからなかった
□ 8. 医療費が高かった
□ 9. その他（　）
□ 10. 困ったことはない

■自由記述欄

日本の地域社会における外国人住民の受け入れについて、ご意見などをご自由にご記入ください。

あなたの母語で書いてくださって結構です。

これで調査は終わりです。ご協力ありがとうございました。

■後日、個別のインタビューにご協力いただける方はお名前と都合の良い連絡先をご記入ください。
こちらから連絡させていただきます。

お名前	
ご連絡先	

■個人情報（お名前・ご連絡先）と調査回答の取り扱いについて

・ご回答いただいた個人情報は、「調査回答」と分けてデータ管理いたします。

・インタビューの際、調査内容を再度質問させていただく場合がございます。

■委託業者の個人情報取り扱いについては、下記ＵＲＬをご参照ください。

X地区の外国人住民に関する実態調査
【本調査に関するお問い合わせ先】
横浜市立大学国際総合科学部
〒236-0027　横浜市金沢区瀬戸２２－２
担当：坪谷　美欧子

資料2　インタビュー調査プログラム

「X団地の外国人住民に関する実態調査研究」聞き取りプログラム

・聞き取り担当者の自己紹介
・調査の趣旨の説明

以前行った「X団地の外国人住民に関する実態調査研究」のアンケート調査の調査票にご記入いただいたご連絡先にもとづき、今回インタビュー調査をお願いしました。

私たちは地域社会における外国人住民の生活実態および、日本人住民との交流について考察し、それを可能にする諸条件を導き出すことを目的として、インタビュー調査を実施しております。調査結果の集計、分析を通して、外国人住民、日本人住民の方々にとってより良い地域社会のあり方を明らかにしたいと考えております。結果は、A市、B市などの行政機関、団地の自治会などに報告する予定です。

お忙しいとは思いますが、ご都合の良い時間に1時間程度、お目にかかってお話をうかがえますでしょうか。ご自宅やお仕事をしている会社の近くなどにうかがいます。

個人情報の取り扱いには十分に留意し、匿名化して記録したものは横浜市立大学の坪谷研究室にて厳重に保管いたします。また、今回のデータは研究目的以外には一切利用しないことを堅くお約束いたします。

なお、少なくて恐縮ですが、謝礼として3,000円を差し上げます。

今後もお話をうかがうこともあるかもしれませんが、3,000円は1回のみのお支払いとさせていただきます。

どうぞよろしくお願い申し上げます。

1．基本情報

名前：　　　　　　　　　性別：　女　　男　　その他　　　　年齢：　　歳

国籍：

出身地、移動歴：

来日年：　　　　　　　　　団地在住年数：　　　　　　　在留資格：

現在の居住区：　A市A区A町（X団地）　A市A区A町（団地以外）

B市B（X団地）　B市B　　その他

日本、母国、その他それぞれでの就学経験の有無

：日本　有　無　　母国　有　無

その他　有　無

最終学歴（海外 / 日本）：

就業状況（職業・地位）：

日本語運用能力：

読む：　とてもよくできる・ほとんどできない・とてもよくできる・ほとんどできない

話す：　とてもよくできる・ほとんどできない・とてもよくできる・ほとんどできない

聞く：　とてもよくできる・ほとんどできない・とてもよくできる・ほとんどできない

書く：　とてもよくできる・ほとんどできない・とてもよくできる・ほとんどできない

母語運用能力：

読む：　とてもよくできる・ほとんどできない・とてもよくできる・ほとんどできない

話す：　とてもよくできる・ほとんどできない・とてもよくできる・ほとんどできない

聞く：　とてもよくできる・ほとんどできない・とてもよくできる・ほとんどできない

書く：　とてもよくできる・ほとんどできない・とてもよくできる・ほとんどできない

婚姻状況：既婚 / 離別・死別 / 事実婚 / 該当なし
世帯構成員：
子どもの有無：有　無　　子どもの年齢：

２．母国・日本での就学経験の有無
・母国ではどこまで学校に行きましたか。
・日本ではどこまで学校に行きましたか。
・日本での進学に関する情報はどのように集めましたか。

３．日本での仕事について
・現在仕事はしていますか。
・その仕事はどのように探しましたか。
・仕事に満足していますか。
・母国ではどのような仕事をしていましたか。
・現在の仕事以外に日本ではどのような仕事をしていましたか。

４．自治会や地域社会とのかかわり
・自治会活動にはどのくらいの頻度で参加しますか。
・どんな自治会活動にとくに参加しますか。
・自治会活動以外に、地域の日本人の人と集まることはありますか。
・その場合、それはどのような活動ですか。

５．同国人・同郷人の集まり
・同じ国や地域の出身の友達で集まることはありますか。
・その場合、かれらとは何語で話すことが多いですか。
・どんなことがよく話題になりますか。

６．ことばについて
・あなたが一番使いやすい言葉は何語ですか。
・家庭では何語で会話することが多いですか。
・自分からみて日本語のレベルはどのくらいだと思いますか。
・これから、日本語のどんな力を伸ばしたいですか。

７．生活のなかでいま困っていることはありますか。
・健康状態は良いですか。

・日本に来てから病気のときどうしていますか
・子育てで困っていることはありますか（母子手帳、予防接種など）

8．母国とのかかわり
・休みの時など、帰国することは多いですか。
・母国への送金をしていますか。
・母国の親族との連絡はどれくらいしていますか。

9．国籍へのこだわり
・現在どのような在留資格を持っていますか（支障のない範囲で尋ねる）。
・将来的に日本国籍を取ろうと思いますか。
・その場合、自分の名前が変わってしまうかもしれないことに抵抗がありますか。

10．将来は、日本と母国とどちらで生活をしたいか
・将来は、日本と外国どちらで、どんなふうに生活したいと思っていますか。

著者

坪谷 美欧子（つぼや・みおこ）

横浜市立大学国際教養学部 都市社会文化研究科 教授。博士（社会学）。
2001 年 3 月 立教大学大学院社会学研究科博士課程単位取得退学、2001 年 4 月～ 2003 年 3 月 日本学術振興会特別研究員、2003 年 4 月～ 2007 年 3 月 横浜市立大学商学部経済学科講師、助教授。2007 年 4 月～ 2023 年 3 月 横浜市立大学国際総合科学部准教授。2009 年 4 月～ 2011 年 3 月 中国黒龍江省社会科学院社会学研究所客員研究員として在外研究。

専門：社会学、移民研究

おもな著書：

『「永続的ソジョナー」中国人のアイデンティティ――中国からの日本留学にみる国際移民システム』（有信堂高文社、2008）、『人権と多文化共生の高校――外国につながる生徒たちと鶴見総合高校の実践』（共編著、明石書店、2013）、『学校通訳学習テキスト――公立高校・特別支援学校編』（監修、2021、松柏社）。

外国人住民が団地に住み続ける意味
――神奈川県X団地のビフォア／アフターコロナ

横浜市立大学新叢書 15

2024年3月25日初版発行

著者：
坪谷 美欧子

発行者：
横浜市立大学学術研究会

制作・販売：
春風社 *Shumpusha Publishing Co.,Ltd.*
横浜市西区紅葉ヶ丘53　横浜市教育会館3階
〈電話〉045-261-3168　〈FAX〉045-261-3169
〈振替〉00200-1-37524
http://www.shumpu.com　✉ info@shumpu.com

装丁・レイアウト：
矢萩多聞

印刷・製本：
シナノ書籍印刷株式会社

乱丁・落丁本は送料小社負担でお取り替えいたします。

ISBN 978-4-86110-962-1　C0036　¥3000E

発刊の辞

知が権威と結び付いて特権的な地位を占めていた時代は過去のものとなり、大学という場を基盤とした研究・教育の意義が改めて問い直されるようになりました。

同様に学問の新たなありようが模索されていた時代に、新制大学として再編され発足した横浜市立大学において、自らの自由意志によって加入し自ら会費を負担することで自律的な学術研究の基盤を確立しようという志のもと、教員も学生も共に知のコミュニティーを共有する同志として集うという、現在でも極めて稀な学術団体として横浜市立大学学術研究会は発足し活動してきました。

上記のような時代背景を受け、ここに新たに、横浜市に本拠を持つ出版社である春風社の協力のもとに、実証可能性を持つ根拠に基づいたという意味での学術的な言論活動の基盤として、三つのシリーズから構成される横浜市立大学新叢書の刊行に乗り出すに至りました。

シリーズ構成の背後にある、本会が考える知の基盤とは以下のようなものです。

巷にあふれる単純化された感情的な議論によって社会が振り回されないためには、職業的な専門領域に留まらず、社会を担う当事者としての市民として身に付けておくべき知の体系があり、それは現在も日々問い直され更新されています。横浜市立大学ではそのような、自由な市民の必須の資質としての「リベラル・アーツ」を次の世代に伝達する「共通教養」と呼んでいます。それに対応する系統のシリーズが、本叢書の一つ目の柱です。

そのような新時代の社会に対応するための知は、より具体的な個別の問題に関する専門的な研究という基盤なくしてはあり得ません。本学では「リベラル・アーツ」と専門的な教育・研究を対立項ではなく、相互補完的なものとして捉え直し、それを「専門教養」と呼んでいます。それに対応するために二つ目の系統のシリーズを設けています。

三つ目の柱は、研究と教育という二つの課題に日々向き合っている本会会員にとって、最先端の学問を次の世代に伝えるためには動きの遅い市販の教科書では使いづらかったり物足りなかったりする問題に対応するための、本学独自の教育を踏まえたテキスト群です。もちろんこのことは、他学においてこのテキストのシリーズを採用することを拒むものではありません。

まだまだ第一歩を踏み出したに過ぎない新叢書ではありますが、今後も地道な研究活動を通じて、学問という営みの力を市民社会に対して広く問い、市民社会の一員として当事者意識を持ちながらその健全な発展に参加して行く所存です。

学術研究会運営委員会